雲霧之國

合山究 著
陸曉光 譯

三民叢刊96

三民書局印行

譯者前言

陸曉光

將中國文化特性與中國所處的自然風土環境聯繫而論，並從中探尋其發生原因，這是日本漢學家合山 究先生本書所論的主要內容。原著書名為《雲烟の国——風土から見た中国文化論》，日本東方書店一九九三年四月二十五日出版。合山 究先生是日本著名的九州大學的教授，長期以來從事中國古代文化方面的研究，先後出版有《論語解釋之疑問與解明》、《明代清言集》、《清代清言集》、《中國成語故事》等。其中兩本《清言集》早有中文譯本。最近的這部論著是作者數年前（一九八八）訪問中國歸國後所寫，筆者也正是那時有幸與他結識，因而拜讀到這本書格外親切高興。

正如著者在該書序章中所言，從自然風土的角度來解釋中國文化的某些差異性，這在中國古代已有端倪。中國傳統學術觀念中一直有南北文化的區別意識。諸如文學中有《詩經》與《楚辭》，思想上有儒家與道家，佛教中有南宗與北宗，此外在繪畫、建築、書法等方面也都有南北異風的觀念。然而，就中國文化的整體而言，由於地域封閉、缺少參照係等緣故，古代中國不僅沒有這方面的研究，而且也幾乎沒有這方面的觀照意識。近代以來，隨著中外壁壘的打開，人們對中國文化總體特點的關注探討也逐漸發生興趣。但是總的說來，較多注意的是從社會性與歷史性的層面去描述解釋；從自然地理、風土環境層面的探討，基本上仍處於空白。即便是就日本方面而言，雖然不乏一些到過中國的學者作家們，在他們的文章著作中曾抒發過對中國風土自然的種種驚奇感嘆的情懷，但是真正由此而聯繫中國文化特點進行具體深入的研究，卻似也尚未曾顧及。原因很可能也在於，這樣的研究既需要十分真切獨特的感受，也更需要極其深厚的漢學素養功夫乃至廣博的見識。

該書的基本出發點是：任何文化型態歸根結底都是基於一定的自然風土環境而發生。不同的自然風土環境必然會給予形成於其中的文化以某種根本性的、基質性的影響。因此，探究一種文化型態的特殊性，歸根結底離不開從其所由形成的原初自然環境層面去尋求解釋。作者認為，中國自然環境中對文化特性形成所發生影響的最主要因素是大氣層（從地面到空中）多雲多霧乃至多沙塵的特點。由此出發，作者系統而具體地展開了他對中國文化各領域的全新闡釋。

較之該書中所用的這種研究方法，我感到更有興趣的是作者何以會有這種特殊的觀察角度。如所周知，日本民族素來有敏感於自然環境及其變化的傳統。例如作為日本文學特有樣式的和歌俳句之類，其基本主題便是謳歌大自然四季的變化，以及由此在人們心中引發的深幽情懷與細膩感觸。日本人研究自身文化特性時，也常常會從自身所處的地理環境中去尋求某種根源，因而常常用及所謂「島國根性」一詞。合山先生寫此書前，除了曾在中國大陸旅行半年外，還先後到過西歐、美國等地區，那些地方相對清澄明晰的自然氛圍無疑更強化了他對中國風土環境的特殊感受。筆者近年來也先後遊學過日本、美國數年，因而對於書中所寫對中國自然環境的那種特殊感受比較容易理解，乃至有某種同感。但是作者由此進而深入挖掘其與中國文化傳統的生成關係，卻仍然使我感到多少有些驚訝而耳目一新。這種感覺的差異大約也與國民性的不同有些關係吧？

如果說一種研究方法的價值主要應從其具體的研究成果來評價的話，那麼該書所論也無疑是極其成功而有魅力的。因為它幾乎在所論及的各個方面都足以給讀者提供新的見解與啓發。例如中國人一直有龍崇拜的傳統，乃至被稱為「龍的傳人」。對龍崇拜的觀念究竟是如何產生的呢？以往的研究曾經有過起源於蛇、雷電、恐龍化石、虹、龍捲風，以及牛、馬、狗、魚等十餘種解說，雖然也有雲起源說，但是作者在書中不僅從中國古代以「占雲」卜測凶吉的傳統以及歷代典籍中龍與雲並崇的記載方面詳加論證，而且通過與古印度、希臘、埃及等國度中的龍形象的比較而指出：「中國龍的最顯著特徵在於牠與雲霧難分難捨的關係。」

雲霧堪稱是中國龍的絕對條件。」從其他國度中龍形象一般沒有雲霧背景這一點看，作者的這一說明確實是獨具慧眼的。

又如在屋頂飛檐這一中國古代建築特有現象問題上，以往關於其發生的原因，有過鳥翼模仿、杉樹模仿、實用效果，乃至受漢字書法藝術影響等各種解釋，而作者則另闢蹊徑，借助於大量古代典籍中的相關資料論證，對飛檐的特殊審美意識是與中國人對道家神仙世界的憧憬密不可分，而這種憧憬的自然背景則是中國多雲霧的大氣層。正是源於這種特殊自然背景的特殊審美觀念，象徵騰雲駕霧的建築飛檐才會使古代中國人醉心不已。作者由此還進而指出，古代日本人曾經大量吸收過中國文化，而道家思想卻一直未能在日本生根流行，根本原因就在於日本缺乏中國那樣與道家思想相應的雲霧自然。

書中還從同一角度逐一論述解釋了古代中國創世神話中何以會有「混沌」說，古代哲學中何以會有「氣」、「道」等在別種文化中罕見的範疇，文學作品中何以對雲霧自然情有獨鍾，古代漢語中何以會有成百上千的與雲霧相關的詞彙，中國繪畫中何以會產生「米法山水」以及「氣韻生動」的審美追求，乃至儒、道、佛三家何以會各有相應的精神空間（儒家的入世、道家的騰雲駕霧、佛家的光明崇拜）。凡是對中國古代文化感興趣而略有常識的人，恐怕都會對這些論題感到新穎可喜，並從中得到啓發。

值得特別介紹的是，書中還力圖從自然風土特殊性的層面來解釋中國人民族性格的某些特點。例如書中末尾部分認為，中國人普遍缺乏歐美等西方國家中的那種遵法意識，而原因歸根結底也與中國多雲霧塵埃的自然風土有關。因為歐美等國家的嚴密法律體系產生於清澄明晰的自然背景中，而中國自然環境中的雲霧塵埃則使一切都籠罩於朦朧混沌中，從中難以形成與真正法律社會要求相應的追求明晰邏輯的思維方式。這種看法恐怕殊難為中國人接受，並且就書中所論而言，也有過於簡單之嫌。不過，作者這種看法本身就極富啓發意義。由於生活環境、文化背景、思維方式、價值體系等的種種差異，異文化的人通常會感受到身處其中的人習以為常，乃至麻木不覺的某些特點，對同一現象之原因的解釋也會循很不同的思路。如果承認了解別國人對自身的看法有助於一個民族進一步認識自己，並且學會與外界交往、理解、溝通的話，那麼在這個意義上可以說，合山　究先生書中對中國文化的所有描述分析都是有價值的。筆者在欽佩作者對中國古代文化獨特細緻分析的同時，也對書中言及中國人性格形成原因的某些方面語焉未詳而略感遺憾。

據說達·芬奇曾講過：「一幅畫最美的審美效果產生於當人們從鏡子中去觀察時。」在非審美的領域中也未嘗不是如此。一個人審視自己，無論如何會有局限，借助於他人之鏡，不僅可以彌補局限，而且也可由此更好地理解、溝通他人。一個民族也是如此。中國人需要了解世界，需要讓世界了解自己，也需要了解世界對自己的了解。在這個意義上，異國鏡子中的中國文化像有著特殊價值與魅力。這也是筆者樂於介紹翻譯合山 究先生這本著作的願望。

雲霧之國　目次

譯者前言

序章 雲霧與中國文化

——風土角度的考察

對中國文化根底的探尋

在人類歷史上，中國無疑是文明的主要發源地之一。自古以來，中國便不斷地產生出包羅萬象的獨特文化，並且對周邊諸國的文化產生久遠影響。但是中國文化何以會具有自己的獨特個性？例如，中國古代思想中「氣」的觀念何以會產生，乃至普遍流傳？《老子》、《莊子》，或者「隱逸思想」、「神仙思想」、「天人合一」等何以會出現？「水墨山水」這種性質獨特的繪畫、對超現實動物「龍」的愛好，以及以翹曲屋檐爲特色的建築風格等何以會形成？此外，像《西遊記》這類特異的文學作品，乃至中國人普遍具有的那種氣質、獨特的思考與行動方式等，其原因究竟何在？諸如此類中國文化特有的現象表現還可以舉出許許多多。我們面對這些特殊現象常常會產生好奇心，並且會有探根尋源的企望。遺憾的是，要真正找到可信而有說服力的解答卻很不容易。迄今爲止，許多研究者主要關注的都是中國文化的各種現象表現，或者是一些歷史事實，而很少花時間去探尋導致這些特殊文化現象所由產生的根柢原因。

中國風土與日本風土之差別

那麼，就考察追尋中國文化所由產生的根基而言，應當採用什麼方法呢？我以爲恐怕首先必須深切地把握理解中國風土方面的特色。這樣說首先是因爲，日本與中國在自然風土方面有著十分明顯的差別，兩國各自文化所生的環境很不相同。日本與中國相鄰，同處於受印度洋季風(monsoon)影響的區域，又同屬於漢字文化圈。因此人們通常很容易將兩國文化歸於或視爲同一個系統，有著同樣的基盤、相類的立場。並且，這種意識早在古代便已經產生，日本的祖先自古以來便不遺餘力地模仿與攝取中國大陸的文化。但是，中國文化爲什麼具有自己的獨特性？這種獨特性爲什麼只是在中國產生發展？要回答這樣的問題，恐怕就不能不從兩國自然環境的差異方面進行考察。

風土與中國文化之特殊性

可以說，中國文化與日本文化的不同方面，歸根結底是由兩國各自不同的風土以及由此而來的不同生活方式所引起。歷史上中國文化在輸入日本的過程中，有一些方面卻終於難以爲日本人所接受。其間的原因，也只有在深切把握中國文化特殊性，並進而探究到它所從出的風土環境後才能清楚認識和解釋。同樣，中國文化中最具獨特性，或者說最有中國特色的內容，也必須從中國風土環境的獨特性這一基本方面去考察，才有可能獲得某種程度的解答。

風土論

所謂風土，通常指的是一個國家所處的自然環境。它包括該國的氣候、氣象、地理、地形、景觀等方面。風土對在其中生活居住的人們，在性格、感情、行動、思考等方面具有微妙的影響力。由此它還會導致該國文學、美術、哲學、宗教，以及風俗習慣、人際關係、社會情勢、生活方式等方面的特殊性。「風土論」便是從這一立場或基點出發以探討解釋某一種文化特殊性的方法論。在日本，這一方法在文化研究中由來已久，哲學家和辻哲郎（一八八九～一九六〇）的《風土》、高山岩男（一九〇五～一九九三）的《文化類型學研究》等著作，都是運用這種方法的範例。風土與文化的關係似乎並不太引人注目，但是這確實是一個不可忽視的重要課題。

日本美感之背景

例如，日本人審美意識的獨特性主要表現在「幽情」（もののあはれ）、「閑靜」（わび）、「空寂」（さび）、「無常」（はかなし）這些美感中。這些特殊的審美感究竟是如何形成的呢？如果無視日本自然風土的特殊性，要回答解釋它的原因當是非常困難的。日本的自然環境綺麗纖細、溫潤合宜，並且給人以豐富的濃淡蔭翳感覺，可以說比世界上任何國家地域都更易於引起人的感物情懷。作家島崎藤村（一八七二～一九四三）曾經在其《戰爭與巴黎》一書中談及，在日本時很容易因外界自然的變化而產生人生無常的感覺，而在巴黎，「使人感傷，引起人多愁善感情緒，或者是那種多少會喚起人生短暫無常的外界自然現象非常少見。」他的話表明日本的哀感畢竟是在日本特有的風土環境中所產生。或許可以說，在今天高層建築林立的日本都市中，這種風情也已日趨稀薄了；但是如果離開都市喧鬧的人羣，遊跡進入鄉村田野，看到遠處孤寂而裊裊上升的暮靄，再眺望晚秋山巒上被陽光映照著的紅葉景致，便會情不自禁地沉浸於那種自古以來日本人都深深體驗過的境界中。詩僧西行法師（一一一八～一一九〇）的和歌：「冬日山裏庵，最宜寂玄人，如此幽靜處，願與子偕隱。」❶從中可以品味到這種境界與感受者心境的關係。西方也有秋天紅葉，並且也確實堪稱美景，但是它們卻不像日本的紅葉那樣易於引發「幽情」、「閑靜」、「空寂」這類細膩情愫。原因也許是那裏的自然廣大，景色雖美卻缺少變化，從中難以感受到人的生活氣息的緣故吧。

日本文化還另有一個爲人熟知的特點，即一年四季的季節觀很强。這一特點的原因也同樣與日本四季變化分明的風土有關。日本古典隨筆名著《徒然草》第十九段中有句云：「情隨物遷，感緣時發。」中國當然也有四季變化，但是就四季變化對文化的影響而言，總的説來沒有日本那樣鮮明突出。這是因爲中國自然中四季的變化沒有日本那般細膩綺麗。和辻哲郎在《風土》一書中説，由於日本氣候四季變化鮮明，在這種環境中，日本人的性格氣質也具有隨時善變的特點。這種説法多少有些過分，但是無論如何，「四季」觀念能在日本人意識中格外受重視，這當是受惠於日本獨特的風土環境。

---

❶ 原歌爲：「さびしさに堪へたる人のまたもあれな庵ならべん冬の山里。」

中國南北文化相異論

風土與文化特點有著密不可分的關係，但是在我看來，就中國文化而言，從風土特點的基點對之進行考察和研究卻極爲少見。當然並非完全没有，所謂「南北文化相異論」便是這方面的代表性論説之一。該論認爲，中國的華北與華南在地理與風土上有很大差別，因此導致了北方質樸厚重、南方華美輕靈的文化特性。這種南北文化的差異性具體表現於思想（儒家與道家的不同）、宗教（北宗禪與南宗禪之分）、文學（《詩經》與《楚辭》之異）、繪畫（北宗畫與南宗畫），以及書法、音樂、風俗、人物等各個方面。關於這方面的研究，從精細的論考到即興的隨感皆不少見（參見陳序經《中國南北文化觀》）。

北方氣候凜冽、土地磽瘠，而南方氣候溫和、土地潤沃，在這兩個不同環境中產生的文化無疑會有所不同。不過，這種南北文化不同論在今天已近乎陳辭舊説，最近的一些研究又進而在南北差別的基礎再作細分，以求解釋不同區域省分之間的文化差異。無論這類考察進行得如何深入，恐怕也難以產生值得期待的創見。進而言之，南北文化不同論畢竟還只是中國文化內部差別的比較，就中國文化全體而言，迄今似乎尚未有以風土論爲基點與方法，將之與他國異文化進行比較研究的嘗試。

風土論之式微

爲什麼現代中國大陸在考察自身文化特殊性時，很少從風土論的觀點進行探究呢？原因恐怕主要是現代中國所站的馬克思主義立場，因此在文化研究上，著重於社會性、歷史性的層面，而較少顧及自然環境與氣候風土基礎。換言之，社會構造與歷史背景被認爲是遠比地理環境更爲重要的決定性條件。從風土論角度對文化進行考察的意義也就因此而被輕易忽略。就日本學者方面而言，相當長一段時期中難以有機會去中國旅行，因而通常傾向於認爲兩國是同屬於印度洋季風區域的鄰國，自然環境似乎也因此而類似，在兩國文化比較上也就不太注意相異的方面。即便是言及兩國間的差別，充其量也只是限於講中國地域的廣大，或者是中國具有「悠久的時間與無限的空間」這一類膚淺空廓的套話而已。

國土廣大僅為因素之一

中國的國土確實遠比日本廣大。但是這一點未必是形成中國文化特殊性的主要原因。著名的中國文學研究者吉川幸次郎（一九〇四～一九八〇）於一九五四年旅行過美國，他後來在文章中這樣寫道：「在我看來，這個國家給人印象最深的是它那巨大的自然。它的山川似乎比中國的山川還規模巨大。雖然我對中國的山川自然見得也不多，但是相比之下，確實感到美國的自然更為壯大。」（參見〈美國與漢帝國〉文）

中國與美國的國土面積大體相近，吉川幸次郎所以會感到美國更爲廣闊壯大，原因很可能是在地形與人口等方面的差別。我前幾年在美國與中國旅行後，也有類似的感覺，即美國似乎遠比中國廓大。美國以外，也並非没有比中國更爲幅員廣大的國家。因此，僅僅以國土的廣大來解釋中國文化特殊性的原因顯然是難以成立的。

日本人所見的中國自然

在過去日本人所寫的中國旅行記中，常常可以讀到這樣的感受：一旦進入中國，便很容易產生某種程度的虛無感，時間觀念會在不知不覺中淡漠，空間意識也隨著遼闊無涯的自然面貌而漫漫縹緲。例如評論家小林秀雄（一九〇二～一九八三）一九三八年在《文藝春秋》雜誌上發表的〈從杭州到南京〉文中，有這樣一番感受描述：

> 到了這裏，時間觀念完全變了。反應也似乎有些遲鈍。幾乎很少看報紙，常常在不知不覺中一天就過去了。有時在長途汽車中連續坐八小時，漠然地眺望外面而竟毫無難

受感。

在此而不到處看看，就難以真正感受到中國自然的廣大。看了以後，才覺得果然如此。但是廣大究竟意味著什麼呢?處此境地中，似乎除了漠然的感覺以外一無所有。換句話說，思考似乎也會趨於遲緩乃至停止。遠處有農民的身影，在巨大的自然背景中，他們那為謀生而忙碌的身影顯得很渺小。前面座位上是個警察兵，他留著加藤清正式的八字鬍，在汽車的顛簸中，他也始終沉湎於外界的廣漠無際之中。「老兄的鬍子可真了不起啊!」剛這麼一說，他醒了過來。

此外，詩人金子光晴（一八九五～一九七五）也這樣說過：「也許可以作這樣的比較：日本的自然富有人情味，令人易生悲傷感；中國的自然具有哲學味，令人易生虛無感。」（《金子光晴全集·卷八·隨想拾遺·古都南京》）這些觀感表明，日本人對中國的自然景象有著某種共通的感受和印象。現代中國由於經濟的發展、工礦企業的增加，以及人口的日益稠密，或許不那麼容易引起外國旅行者們的虛無感。但是上引的隨感卻無疑是過去日本人對中國自然的素樸直感或第一印象。雖然這種印象早爲日本人普遍知曉，但是這裏我還是有必要對之强調一下。因爲我在美國等國家旅行時，雖然也感受到那些國家土地自然的廣大壯偉，但卻並沒有產生虛無的感覺，也未曾有過忘卻時間意識的體驗。因此產生了這樣的疑問：爲什麼中國的自然風土，會特別易於引起人們茫然或者說虛無的感覺？

中國風土的特殊性

在我看來，中國之所以給我們留下前述的那種印象，原因與其說是中國幅員面積的遼闊，不如說是中國空間中大氣那種特有的濃淡輕濁性質。同樣，中國風土的特殊性所在並非只是土地面積的廣大，更重要的是其自然空間（即從地面到空中）中，由塵埃與雲煙所形成的那種朦朧與霧霞狀況。正是這種狀況，才使得人們在面對中國大自然時，會產生一種虛無感、無力感，似乎一切思考活動都會遇此而停止、失落。這種感覺在其他國家中很難體驗到。我以爲，也許解釋中國文化特殊性的關鍵就在這一特殊風土中。如果中國的大氣像西歐那樣清澄的話，人們當絕不會有上述感覺。

希臘的風土

和辻哲郎在《風土》中有如下一段關於希臘的描述：

希臘的風土特性在於，它始終是那樣明朗，沒有陰霾，猶如真正的白天。那裏一切都明晰可見。空氣中濕潤宜人，即使在晴朗的白天中，一切也都顯現出濃淡各異的色調。希臘人因此而性格明朗，較少有那種向自然內部尋求不可見、神秘、非理性對象的傾向。希臘無疑也有夜晚，因此那裏也並非沒有幽冥(Demeter)崇拜這種與陰暗相關的文化。但是真正的希臘精神，特別是使它得以對世界文化產生深遠影響的，卻是那種與陽光相關的明朗精神。希臘人在與希臘風土同化的過程中提高自己。他們也曾受到過不可見的、神秘的力量的威脅，也曾經向自然乞求過賜福。但是當明朗的自然賜福他們時，他們從這位無所隱晦的自然主宰那裏也學會了明朗。在希臘人看來，自然對人是光明而敞開的，它並不隱晦自己。

此外，歷史學者堀米庸三(一九一三～)也曾經這樣寫道：「希臘人的世界空氣澄淨透明，雖然冬天的雨季中會有一陣陣的大雨，但是其他時季中卻幾乎不下雨。由於空氣澄淨而乾燥，一切物象都輪廓分明，而毫無朦朧氣。朦朧不屬於希臘世界，它是別一世界的現象。」(增田四郎編《西洋與日本》，中公新書，一九七〇)如果希臘的自然確如和辻與堀米兩位先生所言那樣，那麼可以說中國的風土恰恰與此形成鮮明對照。中國的天空通常塵埃瀰漫，給人以朦朧混沌之感；此外還經常有雲霧遮障，很少有希臘那種明朗澄淨的風光。因而，如果按和辻先生所言，希臘的自然背景特性造就了希臘人的性格、思想和行爲方式，那麼同樣地，中國自然風土的這種獨特性也必然會給中國的社會心理、生活方式帶來影響。中國文化的獨特性（思想、文學、美術、習俗等），以及中國人的思維方式、處世態度等，恐怕都是在這種特殊自然環境中必然產生的結果。至少可以說，在考察中國文化特性所由形成的原因時，我們絕不可無視作爲它背景而存在、甚至作爲它素材而運用的空間特殊性。

雲霧之國

中國地域廣大，並非所有地方都布滿塵埃雲煙。例如東北、內蒙古、甘肅、新疆等地的雲量就非常少。但是這些地方卻並非中國文化的發祥地，它們在古代屬於遠離正統文化的邊緣地區。就中國自古以來政治與文化的主要區域而言，即黃河流域、長江流域、四川盆地這些地方，其自然空間確實是有朦朧的特性，這些地方常常塵埃瀰漫、雲煙縹緲。正是在這個意義上，我以爲中國的風土具有不同於世界其他國家的特點。

可能有人會這樣質疑：塵埃與雲霧並非中國獨有，何以將之視爲中國風土特點？我自己對世界各地的風土也所知有限，因而作此推斷也有某種程度的不安。爲此我曾特意詢問過一些在世界各地旅行過的人，他們的回答幾乎都一樣，認爲中國天空中由塵埃與雲霧所形成的那種模糊朦朧是他國少見的，有的人還認爲這已是顯而易見的特殊現象。儘管這麼說，但是迄今爲止，卻没有任何人曾從風土特點的角度和立場來考察中國文化特殊性。這不能不令人感到驚訝。和辻先生曾指出：「在一個民族所居住與植根的國土中，通常可以尋找到對該民族生活方式、風俗習慣等產生微妙影響的某種基質。」（《風土》）如果以此推論，那麼考察中國文化特性就不能不注意到中國自然空間中的上述風土特質。

《莊子》中的首篇〈逍遙遊〉裏，曾描寫過大鵬在九萬里高空上俯視地面的所見：

野馬也，塵埃也，生物之以息相吹也。天之蒼蒼，其正色耶？其遠而無所至極耶？其視下也亦若是則已矣。

這段文字的大意是：天空中瀰漫的水氣、飄散的塵埃，這一切都是各種生物的呼吸所致。天空的顏色看上去是一片青藍，這到底是它本來就有的顏色呢？抑或是因爲它遙無邊際給人的感覺呢？無論如何，大鵬在天上所見的下界，與人在地上所見的天空，都同樣是一片青藍。

莊子所說的「天之蒼蒼」使人不由聯想到以前蘇聯太空船駕駛員加特林的話：「地球的顏色是青的。」莊子的生年大約是公元前的三七〇～三〇〇年間，那時畢竟還沒有飛機和太空船這類現代科學工具，他的想像對象也主要是中國的地表。但是二千多年以前他對地表的這種描述絕非荒唐無稽，事實上這一描述恰如其分地概括了中國自然空間的特徵。古代中國與現代中國的自然空間不至於有太多變化。莊子的描述表明，自古以來，中國的天空中就充滿著「野馬」（雲霧）與「塵埃」。此外，他言及的所謂「生物之以息相吹」也使人易於聯想到現代中國人口過密的問題。當然，這已是題外之話了。下面我就著重考察前兩者，即雲煙與塵埃問題吧。

第一章 雲霧美與朦朧美

乾燥皺褶的山

每個民族都會熱愛和謳歌自己所居住的自然環境，中國也是如此。自古以來，中國人便有謳歌大自然的傳統。例如梁代（五〇二～五五七）的文人陶弘景（四五六～五三六）就寫過這樣的贊辭：「山川之美，古來共談。高峯入雲，清流見底……」（〈答謝中書〉）詠歌山川自然的美麗峻秀一直是中國古典文學的主題之一。然而客觀地說，與其他國家相比，中國的自然果真堪稱美麗嗎？

對客觀外界事物作審美判斷無疑受人的主觀性所影響制約。就我極其直觀的感覺而言，中國的自然很難稱得上美。中國的山，特別是華北一帶的山，大都崛立於土海般的廣闊平原，這些山通常樹木稀少，遍體岩石。漢語中有不少與山相關的詞彙，諸如「峨峨」、「崔嵬」、「巍巍」、「巉岩」、「崚嶒」、「嶮峭」、「峭峻」等，這些形容性的詞都表明，中國的山充滿著堅硬巨大的岩石土塊。從好的方面說，這些山或許可稱豪壯雄偉，但是因其樹木稀少，「光禿禿的山，樣子實在難看」（廖世承《遊日鳥瞰》中語，見信濃憂人譯《中國人所見的日本人》）。中國人自己也不無這種感受。倘把鋪滿綠蔭的山比作水靈靈的少女，那麼中國的許多山則猶如瘦骨嶙峋、皮膚乾燥的老人。從地質學角度說，中國的地層具有某種獨特性，它從很古遠的時代便布滿皺褶和斷裂，迄今許多地方可見到由此而形成的岩層。中國山水畫中有所謂「皴法」的獨特描繪技巧，這種技巧的特點是以細筆描狀山與岩石的曲折重疊形貌。它也從一個側面表明，作爲中國山水畫素材對象的山，與其說具有油潤蒼翠之美，不如說給人以生硬乾燥的醜怪感。

森林面積不足

根據《世界國勢圖會》（一九八八～一九八九年版）一九八五年的統計，中國的森林面積占土地總面積的比例（包括臺灣在內）只有一四・一%。被稱爲沙漠之國的蒙古的比例數爲九・七%，伊朗爲一〇・九%。與此形成鮮明對照的是，日本的比例數是六七・七%，歐洲總體比例三九・九%，北美總體比例二九・四%。此外，中國土地肥沃的平原也並不多，山脈與沙漠的面積占國土的六九%，平原僅占一二%，其餘的一九%爲山間盆地。雖然古代中國的綠色覆蓋面或許比今天多，但中國大陸以土石爲主的這種自然本質，古今並不會有太大的差異。

塵埃瀰漫的大陸

中國由於空氣中塵埃較多，城鎮和農村的樹木上也常常被灰塵蒙上薄薄的一層灰色。這些植物也因此缺乏青翠鮮綠的美感。街道旁或公園中的一些樹木葉子，在抹去上面灰白色的塵埃後，才顯露出其本有的綠色。長江與黃河的水色渾濁不清，一般的河流也大都呈黃濁色。真正堪稱清澄的湖川似乎很少。

在中國，即便是剛從浴室洗完澡外出，也總會感到周身有點黏澀不爽，原因可能也是在外國人眼中所見，大氣中散滿無數細微塵埃吧。此外，在外國人看來，中國人習慣於隨地吐痰，之所以這樣，恐怕不僅僅只是教育修養方面的問題，而與空氣中多灰塵有關。在多塵的空氣中呼吸，也就常常會有吐痰的慾望。金子光晴曾有一首以「痰」爲題的詩歌：「天空中細雨濛濛，撒在街旁洋槐樹的花上。我突然惶恐止步。靜安寺潮濕的石子路上，一口剛吐下的痰。它散著熱氣，似乎還在呼吸。傷心的石子路上，映照出黃包車遠去的陰影。」（詩集《沉鯊》中短章之一，一九二六年刊）這是一首詠嘆二十年代上海靜安寺風景的詩歌。它使我聯想起幾年前在遊泰山時的所見。登泰山的石階路面上，也時有遊客們吐下的痰。泰山是風景勝地，且曾經是帝王封禪的聖地，旅遊者們不至於有意在此吐痰污染。因而原因歸根結底還是與中國空氣中多灰塵的風土有關，呼吸這種空氣，生理上就易於產生吐痰的慾望。所以，中國人較之居住在空氣澄淨環境中的歐美人和日本人，更習慣於吐痰，也是十分自然的事。

自然美的轉型

然而，美醜的感覺畢竟是具有很大主觀性的，美的標準也各不相同。我所謂的「美」，是就最一般的意義而言。在我看來，像瑞士的阿爾卑斯山、英國的湖泊，這些地方的風景具有顯而易見的美。與此相比，中國的自然就其總體而言，綠色覆蓋面少，多山多石，給人以荒涼之感，且空氣也混沌不清，似乎很難激起人們的讚美心情。這並非我一個人對中國自然的感覺，在一些到中國旅行過的他國人所寫遊記隨筆中，乃至在國外旅行過的中國人所寫文章中，也都時可讀到與我類似的感受。

那麼，爲什麼有很多人仍然認爲並且常常感嘆中國的山水自然不僅美，並且富有獨特的雅趣呢？原因恐怕在於中國的山水自然風光中蘊藏著某種能夠轉醜爲美的特異因素。在我看來，這種因素就是雲霧與塵埃。

雲霧美

就雲霧而言，它具有使本來並不美的自然對象轉化爲美的魅力。近看時粗野乾裂觸目的對象，自遠處眺望，由於有了雲霧的繚繞遮罩，便呈現出玄遠奇妙的面貌。例如被稱爲五嶽之首的泰山，其本身只是許多嶙峋的岩石，並無特殊的魅力，但是它卻被中國古往今來的文人遊客謳歌崇拜不已。這是因爲，極其平凡的泰山，一旦被雲霧繚繞環抱，便不時顯現出神秘的狀貌，從而被視爲神靈之山。遊訪者一旦登上山頂，就會有彷彿已接近天界的莊嚴之感。這種感受對我們來說，實在是很奇妙的。長江三峽、桂林、廬山、西湖、黃山這些風景名勝也同樣有此特點。雖然這些地方的街口路中塵埃飛揚，乃至時可見到冒煙的工廠煙囪，但是無論是早晨或者傍晚，從遠處望去，卻宛然成爲一幅如畫般的幽玄風景。最近，我有幸聽過一位著名風景攝影家的講演，這位攝影家這樣說：「在我們攝影者看來，中國山水風景中有霧是件大好事，如果沒有霧，就差不多無所可攝。」他的這種直覺恰可與我的看法相印證。歐洲的自然風光本身就是美的，而不必藉賴雲霧掩映生輝。中國的雲霧富有種種微妙的變幻，它可以將景物的粗糙岩面遮掩包蘊，猶如給它披上一層柔曼輕紗一樣，使得這種景觀呈現出與其內面不同的特異風采景致。中國的自然風光賴此雲霧而轉生魅力。

以上看法並非只是我一己之見，中國人本身也早有論及。例如北宋（九六〇～一一二七）畫論家韓拙（十二世紀）曾將雲霧繚山比作人有衣飾：「凡畫全景山者……仍要嵐霧鎖映，林木遮藏，不可露體。如人無衣，乃窮山也。」（《山水純全集》）其中「窮山」一詞，用得十分恰切。清初畫論家惲格（一六三三～一六九〇）亦說：「雲樹為山之衣裳，雲樹不秀潔，則山光垢穢，與童山同。」（《甌香館集・卷十一・畫跋》）又南宋（一一二七～一二七九）詩人楊萬里（一一二二～一二〇六）〈嶺雲〉詩中有句：「天女似憐山骨瘦，為縫霧縠作春衫。」這些詩文所講都是將雲霧比喻爲包隱自然，使之轉生魅力的衣飾。除此以外，古代中國詩文中還論及到雲霧對風景的其他意義❶。這些都清楚地表明，雲霧在中國的山水自然審美中有著特別的價值，而中國歷來的看法也是如此。這一點無論如何强調都不至於過

---

❶ 例如被認爲發現了山水畫中雲霧美的北宋郭熙（十一世紀）說過：「山無煙雲，如春無花草。」（《林泉高致》）南宋的張戒（十二世紀）亦說：「大抵句中若無意味，譬之山無煙雲，春無草樹，豈復可觀？」（《歲寒堂詩話・卷上》）又北宋詩人蘇軾（一〇三六～一一〇一）〈八聲甘州〉詞中：「正春山好處，空翠煙霏。」明代（一三六八～一六四四）末期的文人楊夢袞（十七世紀）曾將雲霧之於風景的意義比作「樹如增密，山如增深，景如增幽，路如增遠，勝概之一助也。」（《岱宗小稿・卷十三・清福上・霧》）——原注。

分。

朦朧美

中國風土的另一特徵是天空中的塵埃。中國大陸西北部是廣闊的大漠與黃土地，正如古詩中「疾風千里兮揚塵沙」（蔡琰《胡笳十八拍》）描摹的那樣，荒漠曠野上空飛舞肆虐的黃塵灰砂，乘著那被稱爲蒙古風的西北狂飆，形成一片片巨大的雲塵狀，向東部移襲。人口稠密的東南地區上空因此而常常呈現出一片霧朦朦的景象。恰如《淮南子》中所記載的那樣：「地不滿東南，故水潦、塵埃歸焉。」特別是在北京一帶，春季一到，往往黃塵滾滾，被風捲揚起的土砂瀰漫空中，甚至達到咫尺間都難看清的程度。儘管家家戶戶都緊閉門窗，室內仍然無可避免地會蒙積上一層黃塵。漢語中有「黃沙蔽天」、「黃塵漲天」一類詞形容這種狀況，黃塵滾滾無疑是令人厭煩的，它本身通常絕不會給人以快適與美感。但是空中游塵飄揚、雲霧漫漫，由此形成的「朦朧美」卻確實是中國自然中獨特的風情。

中國天空通常呈現的是一片模糊色調，其朦朧不清的程度至少與日本春季時的陰天（花雲り）相仿。詩人百田宗治（一八九三～一九五五）《從軍餘瀝——漢口風物誌》詩集中有這樣一節描述：

百花繚亂般的晚霞漸漸褪色，
天空下面一片無涯，
青綠的田野上薄霧籠蓋。
朦朦中的地平那邊，
河南的山嶺原野逶迤伸展，
洛陽、長安這些都城，
彷彿也靜眠在這無涯的天際中。

這首詩中所寫的天空被雲霧瀰漫，一片蒼茫朦朧，確實是真實的描寫與感受。再舉詩人川路柳虹（一八八八～一九五九）〈中國〉詩中的一節：

真是一個可怕的巨大白晝。
茫茫的天空下雲霧沉沉，
像蛇一樣把炎熱空間中一切吞噬的流雲，
雲霧之外一片濛濛，

霧中朦朧的江南運河

江上已經看不見孤舟。

這段詩給人的突出印象也是那灰色朦朧的雲霧，它是中國自然空間的藝術寫照。

最能表現這種空間朦朧美的是被稱之爲「江南春」的景色。江南一帶的天空常常是雲霧靄靄，煙波茫茫。一到春天，即使是晴天，自然萬物也沉浸在一片蒼茫朦朧中，似乎從冬眠中將醒未醒、依稀如夢，給人以一種不可企及的夢幻和悵悵然情趣。形成這種獨特風景的原因也多半是受大陸黃沙風土影響，天空中飄散瀰漫無數游塵浮沙而導致。一般而言，塵埃對人類生活是有妨害的，即使是在中國，它也是一種污染自然的現象。但是從中國文化特性之形成的角度論，它卻另有著積極的價值。如前所說，由雲霧與塵埃所伴隨的空間，正是朦朧美的形成基點。

總之，中國自然風土中多雲霧與塵埃的這種特徵，導致了中國文化中對雲霧與朦朧的特殊審美觀。不僅如此，這種特徵還對中國文化的其他許多方面及其特性產生深刻影響，甚至可以說它是孕育中國文化特殊性的主要母體。下面我將繼續循此而考察展開。

第二章　雲霧與中國人

前面已經指出，考察中國文化特點必須重視中國自然空間（即從地表到天空的空間）的特殊性，特別是必須注意到中國自然空間多雲霧與塵埃這兩個特點。本章將討論的是，中國自古以來對雲霧的崇拜，以及與此相關的一些史實典故，從這些史實典故中，我們可以探測到雲霧與中國文化之間密切關係的一個側面。

一、占雲

占雲的歷史

中國自古以來就有所謂「觀天望氣」的占雲術，這種占雲術在相當長歷史時期中盛行不衰。它反映了中國古代對雲霧的深切關注與特殊心理。

《周禮·春官》中曾記載，上古時代的周官保章氏，能根據五種不同形態的雲來卜斷吉凶、旱魃、降雨、穀物收成等事。又載名爲眡祲氏的官員負責以「十煇」（即雲霧的十種變化形態）來預測禍福妖祥。此外，《春秋左氏傳》僖公五年（前六五五）記，當時宮中每年至春分、秋分、冬至、夏至、立春、立夏、立秋、立冬這些季節時令，都要特別登高臺以觀雲氣來斷吉凶。據《史記》中〈天官書〉所載，西漢時還曾有過一位名叫王朔的人，以擅長觀雲望氣、預測人事凶吉而著名。類似的記載在《漢書・天文志》中也有。中國古代占雲術早在周代就開始，可謂歷史悠久。許多典籍中都有相關的記載，尤其是在戰國至秦、漢這一段歷史時期中，由於戰亂頻仍，占雲術也隨之獲得急速發展。

在古漢語中，有不少與占雲相關的詞彙，諸如「觀雲」、「觀天」、「觀雲物」、「觀雲氣」、「望氣」、「書雲」、「候氣」、「占雲」、「占氣」等等。以此所占的對象，也包括王宮中人事、君王的出現、農作物的豐歉、氣象的預測、政治的善否、戰爭的勝負等。但是，其中最爲突出的，當是爲戰爭目的而進行的占雲。這一點容後再敘。

與占雲相關的典籍記載也堪稱繁多，如有《史記・天官書》、《晉書・天文志》、《隋書・天文志》等天文性質的書；有《唐開元占經》（卷九四～卷九七）、《乙巳占》、《稽瑞》、《望氣經》、《觀象玩占》、《雲氣占候篇》等占氣候的書；又有《武經總要後集》（《四庫全書》本，卷十八，占候三）、《武備志》（卷一六一、卷一六二，占度載）等兵法與武術方面的書；此外

漆面上所描畫的是西漢的鳥獸雲霧圖

尚有《北堂書鈔》（卷一五〇）、《古今圖書集成》（歷象典，雲氣異部）等類書中也有專門搜列。由這些眾多的相關記載與書籍不難看出，古代中國的占雲術是相當發達的。雖然到了後世，諸如在《宋史》、《明史》的相關記載中，占雲的迷信成分逐漸減少，而日趨向於氣象變異方面的記錄，但是在民間，它卻與道術、巫術等迷信相結合，依然久行不衰。

《晉書》中的占雲說

有關占雲的說法紛繁複雜，這裏我們且根據《晉書．天文志》的記敍對之作一大略的解說。占雲大致可劃分爲觀「雲氣」、觀「煇（暈）」以及觀各種「氣」三類。就「雲氣」而言，又有「瑞氣」與「妖氣」之分。「瑞氣」進而有「慶雲」（天下太平的象徵）、「歸邪」（它預示有歸順者到來）、「昌光」（形似赤龍，常在聖人即帝位時出現）三類。「妖氣」則也有「虹蜺」與「牂雲」兩種。前者表現爲太陽周圍的雲氣，它兆示人心惑亂、女人淫亂，以及下臣叛君等。後者意味著暴君的出現和戰亂、喪事等。對雲氣的這種具體而微的劃分觀察，都殊途同歸地與人事相關。

其次是觀「煇（暈）」。「煇」出現在太陽的四周，《周禮・春官》中有眂祲氏觀「十煇」的記載（見前），可見早在周代它就有十種具體形態，並可以它們來判斷喜慶、謀反、戰爭等吉凶。

最後是觀「氣」。「氣」的種類名目繁多，諸如有天子之氣、猛將之氣、軍隊將勝之氣和將敗之氣、降伏者將到之氣、城廓將被攻陷之氣、伏兵將襲之氣、暴兵之氣、陰謀之氣、災禍之氣、賢者隱居之氣、天下將分裂之氣等等。還有表現各地區山河的雲氣、周邊蠻夷族所居之地的氣、陣雲、軸雲、戰車、騎兵等氣。又有與人世直接相關的怒氣、憂氣，乃至還有與土木營造、服刑等有關的氣。《晉書・天文志》中對這一切都有具體記敘說明。

從《晉書》中關於雲氣的林林總總的羅列介紹中可見，中國古代的占雲法內容十分豐富。儘管古代中國與天象相關的占卜方法並不僅限於占雲，它還包括占星、占風、占日（太陽）等，但是占雲無疑是其中十分重要的方法之一。

戰爭與占雲

中國古代占雲術中最具特色的，當推它在戰爭中的運用。《隋書‧經籍志》中所錄的兵家書目有：《兵家雜占》十卷（梁有《兵法日月風雲背向雜占》十二卷）、《用兵秘法雲氣占》一卷、《氣經上部占》一卷、《天大茫霧氣占》一卷、《鬼谷先生占氣》一卷、《五行候氣占災》一卷、《乾坤氣法》一卷等，這些目錄僅從題名看，便可知都是一些與戰爭相關的占雲書。隋以後的兵書，大都也包含著一些與占雲相關的內容。由此可見，中國古代的占雲術與戰爭有著特別密切的關係。

占雲與戰爭之所以關係密切，這是因爲中國天空雲霧特別多，正確地預測把握雲霧變化，是能否在兩軍相戰中取勝的必要條件。例如在古代神話中，傳說是中國最早的帝王即黃帝，曾在涿鹿原野上與蚩尤展開過一場殊死的戰爭。蚩尤施法術使天地間生起陣陣濃霧，白茫茫的雲霧籠罩黃帝部落，蚩尤部落因此而乘機得以重創黃帝所率兵士。在進退維谷之際，黃帝發明並製造了指南車，由此才打破了蚩尤的迷霧圍困。

《三國演義》第四十六回所敍「赤壁之戰」也是一例。諸葛亮因周瑜要求而準備十萬枝箭。在一個天尚未啟明的凌晨，他指揮二十艘滿裝稻草人的船，藉著瀰漫大霧的掩護，在長江水面上佯裝出沒。對岸是曹操的駐軍，當他們發現這些船隊後，以爲是大軍襲來，於是萬箭齊發，如雨般的箭射向船上滿立的稻草人。二十艘船在天將亮時及時返回，須臾之間，諸葛亮便藉雲霧之助輕易獲得了十萬枝箭。

此外，王粲（一七七～二一七）《英雄記》中有曹操在赤壁之戰大敗後，撤逃時遇到迷霧而困頓於途中的狼狽情景。又《晉書》中的〈劉曜傳〉、《宋史》中的〈二王本紀〉（祥興二年）等，也都有戰爭一方利用雲霧而巧妙取勝另一方的記載。這類典故史實可謂不勝枚舉。

古代中國兵家認爲，「察氣者，軍之大要」，據載軍隊中通常配有專門擔任觀察雲氣的隨行人員。（參見《唐開元占經・卷九七》，《四庫全書》本，卷九十七，又《通典・卷一六二・風雲氣候雜占》）由此還可見，占雲在古代中國絕非只是單純出於迷信活動，而是因天空雲霧塵埃頻多出現，準確預測把握它乃是現實生活的需要之一。

二、祥雲瑞氣

與占雲相關的還有，古代中國典籍中常有一些瑞氣升騰、祥雲（或慶雲）呈兆的記載描寫。象徵吉利的雲被稱爲「祥雲」、「慶雲」，與此相反的則被稱爲「凶雲」、「災雲」。不管是何種，它們都呈現出某種顏色，亦即都是「彩雲」一類。

雲本來只是大氣層中浮游的微小水滴羣所構成，它在日光或月光的映照折射下才顯現出紅、綠等彩色光輝。中國古代將這種自然現象與人事禍福聯繫起來，並給予褒貶不一的評說。例如〈孫氏瑞應圖〉中這樣解釋所謂「景雲」：「景雲者，太平之應也。一曰非氣非煙，五色紛縕，謂之慶雲。」尤其當注意的是，在中國古代，太凡被歌頌的歷代皇帝，都有與這類慶雲、祥雲有某種關係的記載。例如對漢武帝（前一四〇～前八七年在位），《別國洞冥記．卷一》中有如下記敘：

> 漢武帝未誕之時，景帝夢一赤彘從雲中直下，入崇蘭閣。帝覺而坐於閣上，果見赤氣如煙霧，來蔽戶牖。望上，有丹霞蓊鬱而起。

又《三國志．魏書．文帝紀》注中也有關於魏文帝曹丕（二二〇～二二六在位）的類似記敘：

> 帝生時，有雲氣，青色而圓，如車蓋，當其上終日。望以為至貴之證。

除了皇帝以外，皇妃、元勳、將軍、名臣、文人、詩人、儒者、隱士，乃至僧侶、道士、名妓、美女等，只要是著名人物、有異能之士，也都時常有某種與祥雲瑞氣相關的傳載軼事。

雲的種類按顏色而分有白雲、黃雲、赤雲、青雲、紫雲、黑雲等，還有諸色相雜的「五色雲」（或曰「五色氣」）之類。《陳書・徐陵傳》中曾載詩人徐陵（五〇七～五八二）將出生時，「母臧氏，嘗夢五色雲化而為鳳，集左肩上，已而誕陵焉。」這類傳說不僅僅見於一些個人性的傳記中，它還常作爲各種事件的前兆，出現在某些地區的記載中。此外，與吉祥之雲相反的那些妖雲、牂雲、凶雲、災雲等，也通常伴隨著暴君、奸雄、逆臣，以及災害、兵亂等事件而被記載强調。總之，帶有色彩的雲，或作爲祥瑞之兆，或作爲災變之兆，總是與古代中國社會中的某種事件聯繫附會在一起。稍後的歷史書記載也是如此。例如在《明史》、《清史稿》的〈天文志〉中可見，其時天空中一旦出現五色雲，朝中的專職官員「欽天監」便會爲此而上奏。由此看來，雲氣的變幻對於古代中國人具有重大意味，它與社會的政治、文化等有著密切聯繫。

我以前一直認爲，這類將自然現象與人事附會，藉此而對現實生活中的人事或褒或貶的想像傳說，全都只不過是迷信而已。然而最近在研究中卻日漸感到，這種現象單單以迷信來概括它是不夠的。從根本上講，導致這種現象或特殊社會心理長久流行的原因，當是與中國多雲霧及其變幻的風土特點有關。否則，無論怎樣刻意製造杜撰關於祥雲災霧的傳說，它們也不至於如此興盛流傳。

三、鎖雲囊

古代中國還曾有過用袋囊或竹器裝雲，以此作為禮品的奇特風習。這種風習也是雲霧崇拜的表現之一。六朝時代以「白衣丞相」、「山中宰相」著稱的道士陶弘景，在答拜南齊高帝（四七九～四八二在位）問候時，寫有如下的詩：

山中何所有，
嶺上多白雲。
只可自怡悅，
不堪持寄君。

白雲與隱士的生活關係密切，但它捉不住、裝不入，難以作贈寄之物。這是當初我讀此詩時的想法。但是後來卻又進而發現，實有以囊袋裝雲作為贈答禮品的事。例如在疑是宋人所著的《謝氏詩源》中載有「鎖雲囊」的軼事：

更嬴之妻，能作鎖雲囊。佩之陟高山有雲處，不必開囊，而自然有雲氣入其中。歸至家啓視，皆有雲氣白如綿，自囊而出。

北宋詩人蘇軾也曾寫過一首題爲「攓雲篇」的詩。蘇軾在陝西鳳翔府任職時，一次出迎使者，途中遇到密雲，由此感而作詩。該詩序中道：「余自城中還道中，雲氣自山中來，如羣馬奔突。以手掇，開籠收其中。歸家，雲盈籠。開而放之，作〈攓雲篇〉」。

又南宋周密（一二三二～一二九八）的《齊東野語・卷七》中，曾有向朝廷獻白雲的所謂「貢雲」之說：

宣和中，艮嶽初成。令近山多造油絹（一種細孔而光滑的白色絹）囊。以水濕之，曉張於絕巘危巒之間。既而雲盡入，遂括囊以獻。名曰「貢雲」。每車駕所臨，則盡縱之。須臾滃然充塞，如在千巖萬壑間。

這段記載寫的是北宋末期風流天子宋徽宗（一一〇〇～一一二五在位）的軼事。明初皇室成員中的寧王朱權（字臞仙，一三七八～一四四八）也有過類似的遺聞。清學者錢謙益（一五八二～一六六四）所編《列朝詩集》（乾下）中列有朱權所寫〈囊雲詩〉，並在其後附有一段說明該詩緣起的掌故：

> 臞仙每月令人往廬山之巔，囊雲以歸。結小屋，曰雪齋，障以簾幕。每日放雲一囊，四壁氤氳裊動，如在巖洞。

從宋徽宗與明朱權上引關於雲的軼事中可見，中國古代對於深山幽谷或名山之頂這類與塵界遠離的場所十分崇敬，而對於其間的白雲也有著特殊的興趣。清初詩人王士禛（號漁洋，一六三四～一七一一）亦有一段相關的記載：

> 坡公作〈攓雲篇〉，余昔行秦棧中，見道左右罅間（間隙），煙氣如縷，頃刻瀰漫山谷，已而雨大至，行人衣袖中皆雲也。始信囊雲非妄。（《分甘餘話．卷二》）

正如王士禎的親身所歷所見表明的那樣，中國自然空間中雲霧之多，達到了真的能以囊相裝的程度。這種以囊裝雲霧的風習在其他國家是很少見的❶。

四、龍與雲霧

龍與中國人

龍被中國人想像爲一種有關該民族起源的靈獸。古代中國曾經有「龍」、「麒麟」、「神龜」、「鳳凰」的四靈崇拜，「龍」作爲其中之一，從太古時期一直迄今，始終受到中國人的尊崇和喜愛。其他三靈的崇拜今天已基本上很少見了，但是龍卻不僅僅是建築、繪畫、陶磁器、工藝品等的美術題材，它還廣泛留存於民間宗教、歲時節令、遊藝競技，乃至飲食起居等現實生活中。可以說，對龍的崇敬和信仰之心在今天的中國文化中仍然根深柢固

---

❶ 以袋裝雲的故事不僅僅只見於古典文學中。一九八五年七月二十一日《北京日報》載有趙冰波童話〈白雲〉，其中也有以袋裝雲的情節。該故事大致內容是：小豬與白兔相互嬉戲轉而吵架，爭吵之中，小豬把白兔弄得變成了黑兔。後悔的小豬於是從山上去摘了滿袋的白雲下來，將黑兔引入白雲中洗澡。果然，洗完澡後黑兔又變成了白兔，並且比原來還要潔白漂亮。

地到處存在。外國人到中國旅遊時，常常會因到處可見的龍文化表現而感到懵然不解，他們難免會這樣想，中國人何以會愛上這種有點披頭散髮狀的面目猙獰的龍形象呢？心中多少會覺得有些不可思議。據説韓國人看到日本的木偶時，通常會聯想到幽靈或亡靈之類令人不快的方面（參見古田博司《韓國的儒者們》，草風館，一九八八）。日本人在接受中國人贈送的與龍相關的禮物時，也常常不易有愉快的心情，而在中國的贈送者看來，這類禮物卻是心愛而又十分珍貴的。龍確實是中國民族文化的代表性形象之一，「龍的傳人」這種民族心理迄今仍延續傳承於中國社會❷。

當然，龍文化並非僅僅中國獨有，西洋、東方、印度、東南亞以及日本也都有龍文化的存在。但是西洋的 dragon（龍）只是那種與現代電視劇中出現的怪獸相類之物，它對美女之類十分凶狠，通常會被神或英雄懲罰征服。印度的龍原本是蛇，有一種説法認爲它是由眼鏡蛇膨脹頭部後的形象演變而來。有關龍的傳説神話在世界上因地而異，它的形狀也各有差別，但是世界各地都有過類乎龍這種想像中才有的動物，這確是令人感到驚奇的事。然而無論如何，在今天卻似乎很少有像中國這樣崇敬龍的國家。

❷ 一九八〇年中國曾流行過侯德健所作歌曲〈龍的傳人〉。

龍的起源

曾有人認爲中國的龍是由巴比倫、印度等地域傳入的，但是我以爲中國的龍從根本上講當是在中國獨自產生的。即便是從他國傳入，從甲骨文以及殷周古銅器中已有龍的記載及圖形看，可以想見它在中國文明發生以前便已經存在了，因此也不妨可以將它視爲中國獨自的產物。殷代以前的情況難以考知，但是從甲骨文卜辭中有「龍」、「龔」、「寵」這些字看，可以肯定它在殷代是用於占卜儀式中的。此外，《春秋左氏傳》昭公二九年（前五一三年）中，記載了晉國都城郊外出現龍的傳說，該文還錄有史官蔡墨所敍龍的歷史傳說，並提及在遠古時代，曾有過專事飼龍的「豢龍氏」、「御龍氏」。在中國典籍中，有關龍的古老傳說記載不勝枚舉。

龍何以會成爲中國歷代崇敬的神秘靈獸呢？龍這一崇拜物究竟是如何起源的呢？對此，有關的解說可謂紛紜繁多，羅列起來，至少曾有過如下十多種原由之說：

①蛇 ②雷電 ③雲 ④大爬蟲類的化石（恐龍遺骸） ⑤龍捲風 ⑥揚子江鱷 ⑦馬 ⑧牛 ⑨豬 ⑩狗 ⑪虹 ⑫蜥蜴 ⑬星 ⑭海潮 ⑮泥石流 ⑯魚（鯉魚等）

可能還有其他說法，但大致而言，有上述十六種起源的解釋。在這些衆多的解釋中，要想確定哪一種最爲正確是極困難的。這是因爲，龍這種想像中才有的靈獸有多種屬性，諸如：

①可生活在天上 ②能夠升天 ③能放雷電 ④可生活在水邊 ⑤也可在水中 ⑥也可在地上土中 ⑦還可在雲中

龍的這些屬性自古便有，要找出某種能夠與所有這些屬性都一一吻合的實際對象是不可能的。例如，倘以大蛇爲龍的起源，可找到許多證據，諸如可以根據印度的龍起源於蛇來類推，也可以用「蜺」、「虯」、「虹」等字來佐證（這些字與「蛇」字同類，而又都是龍的不同種類）。然而，蛇畢竟並不能升天，也不是生活於天上，因而它並不能吻合龍的另一些屬性特點。再比如源於龍捲風之說，雖然這種風與龍的巨大有力及其運動姿態頗爲相似，但是它的出現卻並不多，不少地方還沒有龍捲風。由此可見，各種解說雖都各有或多或少的理由依據，但卻同時也都有其顧此失彼的遺憾，因而很難使人完全信服其說。

龍起源於雲之說

儘管關於龍的起源莫衷一是，但是在我看來，它的產生恐怕與雲的關係最爲密切。雲所呈現的奇妙形狀，或者彩雲所具有的鮮明斑斕色彩，這一切都易於引起古代人形成龍的想像。物理學者寺田寅彥（一八七八～一九三五）在其《雲的傳說》中說：

各種形態的雲，在高低不同的天空中顯現，並且色彩斑斕多變，形狀屈伸異姿，時而呈露，時而隱去，其變化之妙真是不勝形容。因而在蒙昧時代，人們很容易對雲產生敬畏心理。特別是雲常常導致下雨、打雷、冰雹等自然變化，這又易於使人猜想在雲層上面可能凌駕著某位神靈，它可以藉雲的威力而支配戰爭，或者懲罰人間。

可見，雲使得古代人產生恐懼，激發他們的想像，驅使他們幻想雲後面超自然神秘力量的存在。著名的漢學者白川靜（一九一〇～）也曾說：「在卜辭中，雲具有自然神的靈格。」（《字統》「雲」）他的研究也表明，雲在殷代是一種宗教性的崇拜對象。

不僅如此，古代中國還有對各種不同類型的雲的記載描述。《呂氏春秋・卷十三》的〈應同篇〉：

> 山雲草莽，水雲魚鱗，旱雲熛火，雨雲水波。無不皆類其所生以示人。故以龍致雨，以形逐影。

雲有各種各樣的形狀，因而人們幻想中伸縮自如、飛動變化的龍形象，無疑是與雲的聯想有關。《淮南子・天文》中言：「龍舉而景雲屬。」這句話也暗示著龍的想像由彩雲（景雲）而來，並且還被視爲吉祥的象徵。即便認爲龍與雲是兩回事，但至少人們很容易會根據雲的奇異現象而想像其後面隱藏著雷電、虹或者是像蛇那樣的可怕之物。無論如何，中國的龍與雲霧有著特殊而密切的關係。

中國龍的特色

上面是我個人對龍的起源的看法。在我看來，追究龍的起源不無意義，但是更重要的是了解與其他國度的龍相比，中國龍所具有的特色，由此再進而探究中國何以會流傳具有自己獨特性的龍文化。

中國龍的最顯著特點，如前已有所言及，在於它與雲霧的那種難分難割的關係。可以說，中國的龍賴雲霧而存在，雲霧堪稱是中國龍的絕對條件。龍能夠上天入地，以及在水中潛身，也都有賴於雲霧。龍被認爲是水中靈獸，它似乎與水的關係特別密切，而水也恰與雲霧有著因果關係。白川靜曾經明確指出殷代甲骨文卜辭中的「雲」字意味：

> 卜辭中的「雲」字，狀如捲尾而頭部隱於雲中的龍。這可能是與龍升上天空的發想有關。
>
> 「雲」字的造形，象徵著雲層中隱在的龍下部呈露的捲尾，這表明當時人認為雲中是生活著龍的。……在卜辭中，雲具有自然神的靈性。如同卜辭中「各雲，自東，面母」所表明的那樣，由於方位和形狀的不同，雲有著各種特定的名稱。卜辭中與「雲」字形狀相近的有「旬」字，該字似乎也與對龍的崇拜意識有關。「旬」字的「勹」與「九」字近似，它還很像龍尾內向蜷縮的形狀。（均見《字統》「雲」。譯按：卜

辭中雲、旬的字形分別爲[illegible]、[illegible]。）

由此可見，中國自文字產生時起，雲與龍就已有密切關聯。在早期出土文物中，龍紋的圖飾也與雲形相似。《周易・乾部・文言傳》：「雲從龍。」《韓非子・難勢》：「飛龍乘雲，騰蛇遊霧，雲罷霧霽，而龍蛇與螾螘同矣。」又王充《論衡・龍虛》：「雲雨感龍，龍亦起雲而升天。」這些典籍中所言表明，中國的龍文化，在殷周以後也一直是在與雲霧密切關聯之中發展的。再比如《楚辭》中〈遠遊〉篇描寫到主人公向雲中仙境飛翔的姿態，其中雲與龍也是並舉同贊：

屯余車之萬乘兮，
紛容與而並馳。
駕八龍之婉婉兮，
載雲旗之逶蛇。
建雄虹之采旄兮，
五色雜而炫耀。

服偃蹇以低昂兮，
驂連蜷以驕驁。

又降至唐代，文學家韓愈（七六八～八二四）在〈雜説〉（四篇之一）中，也有一段相關而很有參照價值的文字：

龍噓氣成雲，雲固弗靈於龍也。然龍乘是氣，茫洋窮乎玄間，薄日月，伏光景，感震電，神變化，水下上，汩陵谷。雲亦靈怪矣哉。雲，龍之所能使為靈也。若龍之靈，則非雲之所能使為靈也。然龍弗得雲，無以神其靈矣。失其所憑依，信不可歟。異哉，其所憑依，乃其所自為也。《易》曰：「雲從龍。」既曰龍，雲從之矣。

這類例子不勝枚舉。要而言之，中國文化中的龍離不開雲霧，否則就不成其爲中國龍。這樣説是毫不過分的。中國文化中之所以會產生這種形態的龍，龍文化之所以如此興旺發達，在我看來，這都和與之十分相合的風土背景有關。換言之，原因在於中國自然空間中多雲霧的特點。對於農耕民族的中國人來說，龍也是一種水神，它能夠降雨，帶來豐收，因而是必須崇拜的靈獸。甚至可以認爲，這種龍乃是在雲霧環境中生活和養育起來的中國人的靈魂。

附帶指出，《佩文韻府》中所收錄的有關「龍」的詞彙中，以「龍」爲前綴的有一一八二個，以「龍」爲後綴的有四〇三個，合計達一五〇〇個以上。這也清楚地表明了龍在中國民族心理中是何等的重要和根深柢固。

第三章　與雲霧相關的文字

在考察雲霧與中國文化關係之前，我們且先簡單地說明一下漢語中與雲霧有關的詞彙。漢語中與雲霧相關的最常用字有「雲」、「煙」、「嵐」、「霧」、「靄」、「霞」等，這些字具有什麼特徵呢？且看下面。

雲

漢語中與雲相關的詞彙特別多，並且其意味的細膩多彩遠非其他國家語言可比。試以《佩文韻府》中所收載的詞語爲例，「雲」字作前綴的詞計有三八九二個，以之作後綴的詞計有六二三個，合計達四五一五個之多。《佩文韻府》所收主要是古典詩文中的雙音節詞，倘若再計入雙音節以外的相關詞語，數量當更爲可觀。

《佩文韻府》中帶有「雲」字的這些詞彙，其中有不少都是以「雲」作比喻性質的。例如「雲根」一詞，它原意是指雲的發端之處，但由於雲通常從山中漫起，因而它可用以指

「山」。又由於雲被認爲是山中岩石的吐氣所成，所以「雲根」一詞又可以指「石」。此外，它還可用以指「雲」本身。唐代詩人賈島（七七九～八四三）寫有一首題爲「題李疑幽居」的詩（「推敲」的成語便從該詩中「僧敲月下門」而來），其中有「移石動雲根」句。江戶時代的漢學者津阪孝綽（一七五七～一八二五）在其《夜航餘話．卷上》中對該句所作解釋是：「乘山莊遊宴之興，戲欲起庭石，使雲氣自下而發。此狀山中嵐氣之深，而非真謂『移石而引發雲根』。」我以爲這一解釋是適合的。無論如何，「雲根」一詞的多義性，這一有趣現象是與中國多雲霧的自然背景相關的。

類似的還有「痴雲」一詞。該詞的意思大約是指像瘋癲人那樣飄蕩不定的雲。唐代李商隱（八一二～八五八）有「嬌郎痴若雲」（〈房中曲〉）詩句，宋代陸游（一一二五～一二一〇）有「痴雲不散常遮塔」（〈芒種後經旬日不雨〉），清代冒襄（十七世紀中葉）有「陳子痴情痴若雲」（〈其年畫紫雲小影……〉），孔尚任（一六四八～一七一八）也有「痴雲膩雨無留戀」（《長生殿．重圓》）等等。由此可見，「痴雲」的比喻在古代詩文中經常出現。將雲比擬爲痴人，這種想像極爲新奇有趣，顯然也反映了中國文化某種特色。

仔細考察與雲相關的詞彙、典故等，可以發現，歷史上的中國人樂於借助於雲來傳達思想感情，他們的想像力在很大程度上與雲有關。作家幸田露伴（一八六七～一九四七）曾寫有〈形形式式的雲〉隨筆散文，可以說，如果根據有關詞彙而一一寫去，材料恐怕是取之不盡的。

煙

「煙」，《說文解字》訓「煙」爲「火氣也」。它最初的意思指煙囪中所冒的煙。但是不久便又兼指「靄」、「霞」、「霧」等自然現象了。六朝時代，「煙」的這後一類用法日益頻繁，而與此相關的雙音節詞也急劇增多。在文學作品中，特別是詩歌中，用「煙」指火氣的詞遠遠不如以它指「靄」、「霞」、「霧」等自然現象多。該字由此而成爲描寫山水自然美的不可或缺的用語。《佩文韻府》中以「煙」爲前綴的雙音節詞計有五八八個，以之爲後綴的雙音節詞計四○一個，合計達近千個。其中只有小部分是與火氣意義有關。可以斷定，本來只是指火氣的「煙」這一詞，是在六朝時代轉引申爲指霞霧之類自然現象的（本書在第八章還將詳說），這一引申意的出現意味著中國文學對山水自然美的發現，它在中國文學史上具有劃時代意義。

嵐

「嵐」字在日語中訓釋爲風暴，在漢語中，它是一個由「山」與「風」組成的會意字，本意也是指山上的大風。但是該詞在六朝以前卻用得很少，而到六朝時，它與「煙」字同樣，也轉生出指謂霞靄一類的意思。白川靜《字訓》中說：「嵐這個字多見於六朝文獻中，謝靈運等人的詩中有『嵐氣』的用法，指的是煙雲湖光之類，而並非是指烈風。日本的山風常常颳得很大，因此『嵐』在日語中被按其字本意而指謂大風。中國與日本地理風土不同，所以該字在兩國語言中也有差別。」爲什麼漢語中本來指山風的「嵐」字卻轉而指霞靄之類呢？這一點很難考索。但是顯而易見的是，從六朝至唐代，逐漸出現了「嵐峯」、「嵐翠」、「嵐煙」、「嵐光」、「嵐氣」、「嵐影」、「嵐霧」等詞語，它們的產生當是發現江南自然中雲霧美後才有的結果。《佩文韻府》中以「嵐」爲前綴的雙音節詞計五五個，以之爲後綴的詞計有六七個，合計一二二個。

霧

在氣象學中，「霧」是指地面上的雲。「霧」與「霞」、「靄」都是略有區別的近義詞。《說文解字》釋「霧」：「地氣發，天不應，曰霧。」意思是天地陰陽不合，霧便會產生。《佩文韻府》中「霧」爲前綴的詞有二〇二個，「霧」作後綴的詞有二八〇個，合計四八二個。在日語中，「霧」通常指白色的霧，而在漢語中，它卻與雲霞之類相同，有各種顏色的霧。例如有「紅霧」、「黃霧」、「白霧」、「赤霧」、「綠霧」、「紫霧」、「黑霧」、「翠霧」、「彩霧」等等。此外又有「香霧」、「塵霧」、「祥霧」、「花霧」等各種稱名。這些多彩多姿的霧名，也許帶有文學描寫的誇張性。

靄

「靄」字《說文新附》釋爲：「雲皃」，意指雲霧籠罩之狀態。《佩文韻府》中「靄」爲前綴的詞一二個，其作後綴的詞一一八個，合計一三〇個。宋代的韓拙曾說：「雲之體合散不一焉，輕而為煙，重而為霧，浮而為靄，散而為氣。」（《山水純全集》）清代的唐岱（一六七三~？）在《繪事發微》中亦寫道：「初起為嵐氣。嵐氣聚而不散，薄者為煙。煙積而成雲。……煙最輕者為靄，靄浮於遠岫遙岑。靄重陰昏則成霧，霧聚則朦朧。」要而言之，「嵐」、「靄」、「煙」、「霧」等，都是因雲氣的濃淡輕重之差別而起的稱名，它們所指的都是同一大類。白川靜釋「靄」道：「雲霧靄然之美，為六朝自然文學所詠歌，且成為水墨畫之源泉。」(《字統》)確實，該字是在六朝產生詠歌江南風景的詩文以後，才成爲文學語言中一個重要用語的。

霞

《說文新附》釋「霞」爲：「赤雲氣也。」一般說來，它是指早晨或傍晚天空中的淺紅色薄雲。唐岱的《繪事發微》中說：「雲煙霧靄，散入天際，為日光所射，紅紫萬狀而為霞。霞乃朝夕之氣暉也。」漢語中有「丹霞」、「紅霞」、「紫霞」、「朱霞」、「朝霞」、「晚霞」、「暮霞」等詞。

但是「霞」並非一定指紅色的雲氣，例如有「五色霞」、「九色霞」、「黃霞」等。此外還有「青霞」、「翠霞」、「白霞」、「蒼霞」、「碧霞」等所知不甚清楚的詞。《佩文韻府》中以「霞」爲前綴的詞有一八九個，以之爲後綴的詞有二三二個，合計有四二一個。其中包括「醉霞」、「臉霞」、「捧日霞」、「酌流霞」、「嚼紅霞」、「漱朝霞」、「丹田養素霞」這類十分有趣的詞彙。

「霞」字在古代還與神仙思想有關。例如登天界稱爲「登霞」，仙人所住之處稱爲「霞洞」，仙人的衣服稱爲「霞衣」，仙人的寢具又稱爲「霞衾」。李白(七〇一～七六二)的

〈送元演隱仙城山序〉中寫道：「吾與霞子元丹、煙子元演，氣激道合，結神仙交。」其中「霞子」、「煙子」指的是學習道術的人。可見「霞」、「煙」這些與雲氣相關的詞，在古代都與道教有某種關係。

古漢語中，還常常用「煙霞」來指謂山水自然。例如有「煙霞痼疾」的成語，它指一種酷愛山水自然的性格。該成語源於唐代隱士田游巖的故事。此外又有「煙霞癖」、「山水癖」等詞語。唐代詩人白居易（七七二～八四六）以及明代詩人高攀龍（一五六二～一六二六）的詩集中所用及的「煙霞侶」、「煙霞友」這類詞，所指也是以山水自然爲友。由此可見，中國的山水自然是與煙霞密切相關的。

與雲霧相關詞彙的豐富多樣

以上就與雲霧關係尤爲密切的一些詞作了簡要考察。除此之外，有關的詞還有「氣」、「氛」、「霏」、「雰」、「霄」、「曇」、「陰」等，這裏不再對之一一介紹，但是無疑，這些詞所各自構成的詞彙也爲數很多。總之，漢語中與雲霧相關的詞彙數量之多簡直令人瞠目。其原因或許與漢語詞彙總量極多不無關係，但是尚有另外的因素。

在游牧民族蒙古人的語言中，與馬相關的詞彙特多，即便是僅指馬的毛色的詞彙，在蒙古語的各種方言中，也多達三〇〇個以上。阿拉伯人有關羊、駱駝的詞彙，諸如對它們雌雄、顏色、年齡等的稱謂，達數百種之多。又北極的愛斯基摩人有關冰、雪的詞彙也遠比我們豐富多樣。要而言之，與生活關係越是密切，相應地，它們在語言中的詞彙也就越豐富細膩。

由此看來，漢語中與雲霧相關的詞彙特多，這一現象並非僅僅由於漢語的構詞能力，而是因爲中國社會生活自古以來便與雲霧密切相關之故。《佩文韻府》中，「雲」字的詞彙與「天」字的詞彙，數量之多可以媲美，而其他的自然物，諸如「地」、「風」、「雨」、「日」、「月」、「星」、「土」等詞彙，則遠比「雲」字詞彙少。

第四章　從氣象學看中國自然空間（大氣）特點

中國的大氣層與西歐或日本相比，因塵埃及雲霧而顯得朦朧不透明。這不僅是我的直感，也是許多到過中國的外國旅行者們共有的感覺。但是這種感覺畢竟不是科學客觀的情況，究竟如何，尚有待於氣象學方面的根據。爲此，筆者曾專門查閱過氣象學以及地理學方面的文獻❶，並請教過這方面的專家。雖然所得的結論中，並不足以證明我的直覺，但是卻由此增加了許多氣象學方面的知識，並且對中國空間中雲霧及塵埃的狀態也有了更確切的了解。下面將與此有關的一些資料作一概略的介紹。

❶有關中國氣象學方面的文獻，參見倉島厚、落合盛大等著《亞細亞氣候》（古今書院，一九六四年）、張家誠、林之光著《中國氣候》（上海科學技術出版社，一九八五年）、中國科學院（中國自然地理）編輯委員會編《中國自然地理總論》（科學出版社，一九八五年）、盛承禹等著《中國氣候總論》（科學出版社，一九八六年）等。

雲量

中國地域廣大，雲的分布多寡不一。「雲量」是表示雲之多寡的大略性標準。它是借助目測，對雲占整個天空的大致比率判斷而得。當雲在天空中不滿五％時，雲量爲〇，當雲占天空九五％以上時，雲量爲一〇。一般是用數字來表示這種比率的。在日本每天測雲四次（三點鐘、九點鐘、十五點鐘、二十一點鐘），然後再求出這四次的平均數。中國的測雲方法可能也是同樣。但是，雲量並不能體現雲的形貌狀態等，並且，不同的人在目測上也有誤差。不過，「雲量」畢竟是判斷雲之多寡的最簡便方法。

中國整個而言，年平均的總雲量分布是南方多、北方少。年平均雲量爲六。大致而言，自淮河、秦嶺以南及青康藏高原的東南部爲多雲區，東北、華北、西北諸地以及青康藏高原的大部地區爲少雲區。雲最多的地區是四川盆地及貴州省一帶，年平均雲量達八以上。

例如四川省的成都雲量爲八・四六，貴陽八・一三。就年平均雲量八以上的陰天而言，成都是二四二天，樂山二五四天，重慶二〇三天。日本以多雲著名的地區是新潟、松江，前者年平均雲量七・六，後者七・三，與四川省、貴州省相比，明顯較少。四川省的成都給人的感覺幾乎通常都是陰天。唐代韓愈在〈答韋中立論師道書〉中寫道：「蜀中山高霧重，見日時少，每至日出，則羣犬疑而吠之。」故而諺語中有「蜀犬吠日」。貴州地區也有「天無三日晴」諺語。從這些民間流傳的諺語便可知，四川、貴州兩省雲霧是相當多的。

在雲量上其次的是漢水、長江以南的大部分地區（華南）及臺灣東部，雲量大致是在七～八之間。在古代文化昌盛的渭河、淮河以及江南部分地區，雲量稍低一些，爲六～七之間，這些地區與日本的東京（六・四）、京都（六・四）、仙臺（六・五）、福岡（六・八）等比較，似乎相差不多。華北平原的南部與黃土高原的南部雲量更少些，大約在五～六之間。華北北部、東北，以及內蒙古東部雲量是四～五間。

此外，各地的雲量還因季節不同而變化。大部分地區夏季多雲；而四川、貴州則是秋冬季節多雲，一般認爲這是由被稱爲「昆明鋒」的冬季長雨而形成的氣象。雖然四川、貴州的夏季雲相對少些，但是其雲量仍有七之多，超過了少雲區雲量最多的季節。華南地區春天是多雲季節，秋天雲最少。長江流域梅雨季節雲最多，也是秋天雲最少。

以上是中國各地雲量狀況的概述。從中可見，就古代文化的主要區域而言，從四川至長江中游一帶，雲量特別多，但是長江下游及中原地區一帶，則只有六～七的雲量，與日本一般城市的雲量大體相同。李約瑟(J. Needham)的《中國科學與文明・第五卷》（思索社，一九七六）中寫道：「氣象學家曾一致認為，歷史上的中國北方要比今天的中國北方溫潤。」

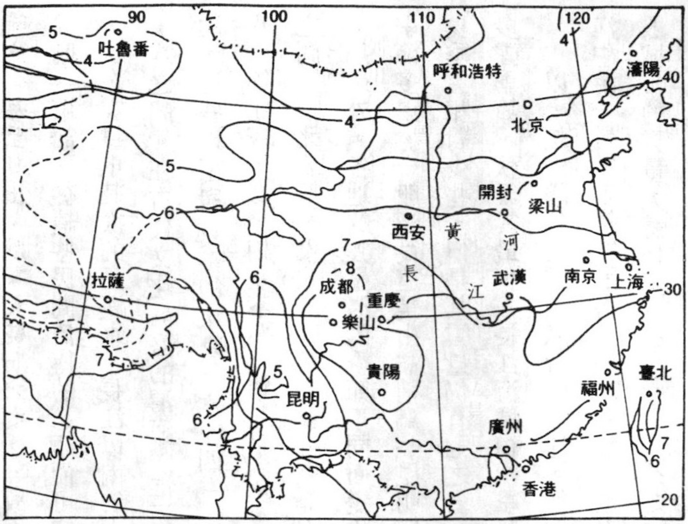

中國各地年平均雲量圖

著名古典小說《水滸傳》中所寫的「梁山泊」（山東省梁山）大體也是一片廣大而濕潤的平原地帶，換言之，該地帶似乎並不像今天的山東那麼寒冷。由此可進一步推測，在中國古代文化發源地的中原，其雲霧當比今天的中原更多些。

但是，對人的心理產生影響的並非只是雲的多少，還有雲的形狀、色彩、高度、濃淡、運動等各種因素也都起著微妙作用。因此，不能僅僅根據雲量的多少來說明雲霧文化的發生。然而，雲量畢竟是一種借以了解中國各地雲之多寡的大體標準。

霧日數

與雲同樣，霧的多少也是值得注意的一個方面。雲與霧從根本上講有著同類的性質，只不過在上空中的稱爲雲，靠近地面的稱爲霧。大致而言，中國東部（靠長江流域一帶）的暖濕地區和雲南、四川等西南地區霧較多。此外，沿海地區較內陸多霧，南方較北方多霧。西部的乾燥地帶和青康藏高原的大部分地區，出現霧的時日很少。

霧的出現還與具體的地形有密切關聯，因而分析起來相當複雜。有時候相距很近的兩地，卻有著很大的差異。例如雲南的元陽，一年的出霧日數達一五九天，而離其不超過一百公里的元江、蒙自地區，年出霧日卻一天都沒有。不過，大致地說，中國多霧的地區如下所列：

⑴**雲南西部、南部的濕熱河谷**——年平均出霧日數為八〇天以上。思茅地區達一二〇天之多，勐臘地區更多，有一八六天。

⑵**福建省西北**——年平均出霧日數五〇天以上。邵武地區高於一〇〇天，泰寧達一五三天。南嶺山區、武夷山一帶，出霧日數與四川盆地相類。

⑶**長江流域**（**湘、鄂西部、洞庭湖等**）**與四川省的重慶、成都一帶**——年平均出霧日數達四〇～五〇天以上。遂寧、雷波、重慶等地，有九〇～一〇〇天之多。重慶位於河谷，氣溫高而風力小，因此經常是被茫茫大霧籠罩山城，並且經久不散，乃至於被稱為「霧都」。四川盆地的出霧日數也名列全國前茅。

(4)**江西西北與安徽南部**——年平均出霧日數有五〇天以上。

(5)**甘肅東部至陝北南部**——西北地段，年平均出霧日數達三〇天以上。洛川及於五七天之多。西藏東南部也有五〇天以上。

(6)**北緯三〇度以北**——出霧日數逐漸減少。華北平原約為一五～二〇天之間。順便說明，日本主要都市中，東京出霧日數一八天，京都一八・五天，仙臺三二天，福岡六天。

由上所列可見，中國全土中，雲南、四川至長江流域一帶廣大地區，以及福建省西北部一帶，霧顯得特別多。作為古代文化中心的陝西省西安一帶，霧也不少。也許，與日本和其他國家相比，這些地區的霧量相差並不迴異。但是總的說來，中國文化的發源地及興盛地區，霧的出現日數是不少的。

從氣象學的角度看，中國有著霧的發生條件。多霧的原因首先在於放射霧（輻射霧）的形成條件。放射霧是因夜間大地冷卻，引起地面空氣冷卻，凝為水蒸氣而形成。在北方，地面三百米的空間中時有這種放射霧，它常出現於秋冬季節。還有一種是鋒面霧，它是在重巒疊嶂的山嶽中，空中冷氣團與暖氣團交互影響作用而產生。中國山水畫中表現的多半是這種霧。此外，長江流域本多湖沼河川，湖霧、川霧也就容易產生。高山盆地也都易於起霧。

中國霧與日本不同的在於，它在廣闊區域中瀰漫延續，其幅度大到驚人的程度。

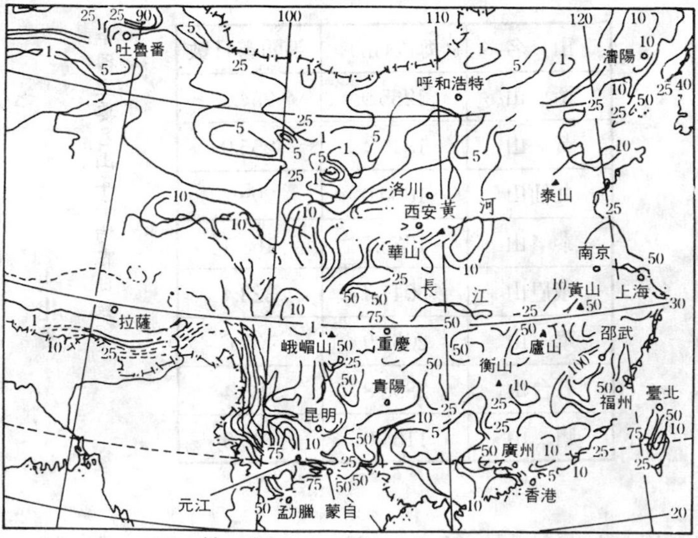

中國各地年平均霧日數圖

應當指出的是，出霧日數的統計並不涉及霧的狀態、濃淡、持續時間，並且觀測的結果也受觀測地點的局限影響，以上數據無疑會有與實際置身的感覺不相合之處。

高山與霧的關係值得特別注意，因爲中國許多名山具有文化上的重要意味，而這些山幾乎也無不以多霧著稱。試以盛承禹的《中國氣候總論》所載圖表來看（見次頁）：

其中霧量最多的峨眉山，素有「雲海」之名。根據一九五三～一九七〇年間的統計資料，該山區的年平均出霧日數超過三二〇天，而最多一年高達三三四天。

混濁度

氣象學中，測量空氣透明度（混濁度）以及大

中國主要名山年平均霧日數

山　名	海拔(m)	年間霧日數
衡　山	1265.9	254.2
黄　山	1840.4	255.9
九仙山	1650.0	299.2
泰　山	1533.7	168.4
峨眉山	3047.4	323.4
華　山	2064.9	137.6
五台山	2895.8	193.4
廬　山	1164.0	190.6

氣層濃淡的，一般是用被稱爲「視程」的方法。該方法把肉眼能見目標的距離劃分爲〇～九級來作測量標準。還有一種方法是根據天空的青藍色程度來測定。其發明者是一位叫林克(Linke)的人，因而該方法的測度單位也以林克表示。日本有一些地方的氣象所採用此法。但是這兩種方法似乎都不足以比較不同國家大氣層的混濁度，因爲要作這樣的比較，必須考慮多方面的因素，並非十分簡單的事。所以，中國大氣層空間的混濁性、不透明性，至今並没有比較氣象學方面的證明數據。

但是，從常識上講，能夠清楚表明中國大氣不透明性和混濁程度的，是每年三～五月在華北、華中廣大區域上瀰漫的黃塵(帶有黃沙的風)。衆所周知，中國西北邊境一帶有廣袤的沙漠。這些乾燥地區的沙，在早春之際，會隨强勁的大風而捲上天空，並向東部滾滾移去。從黃土高原至黃河下游，包括山東半島、渭水、漢中盆地等，都受到這種沙暴的肆虐。據説河北衡水、河南開封等地，沙暴時常會連續狂捲十多天。湖南有諺語説：「一日黃塵三日雨。」清人蔡雲〈吳歈〉詩中有「香塵十里雨還乾」、「黃沙疾捲路三千」句，據此看來，湖南和蘇州地方，在舊曆二月份時，也常受黃塵的困擾。

春季的黃塵在中國大陸也許是特殊現象，但是即使在黃塵季節以外，由於大陸綠色覆蓋面少，只要有風，地上的塵埃就會舞向空中，成爲游塵而四處飄散。因此，與多森林的日本及有很多牧草地的西洋國家相比，中國空中塵埃瀰漫也就是很自然的事。在我的感覺中，中國的大氣層似乎總是像日本的「花雲」（櫻花開放時的陰天）那樣，呈現出模糊狀態。一些戴隱形眼鏡的人説，在中國常常比在西方國家或日本易感眼痛，原因恐怕也與空中塵埃多有關。

數據與直觀

由上簡要介紹可知，現在的氣象學尚未能爲中國大氣層和空氣的特殊性提供足夠的數據證明，這種數據也許有待於將來。但是即便有相應的數據，至多也只是具有參考價值，而並沒有決定性意義。因爲現在的氣象與古代的氣象未必完全一樣。例如，現代都市中由工廠排煙產生的大氣污染，在古代全然沒有。而古代由材薪燒成的炊煙，在現代社會幾乎已絕跡。工廠排煙與古代的炊煙在狀態上也很不相同。這類情況表明，即使我們有了相關的科學測量數據，也會有很多解釋上的麻煩。

總之可以說，就考察風土與文化關係而言，目前主要仍然是靠直觀的經驗，而非氣象學研究提供的數據。關於直觀經驗的價值，日本氣象學家鈴木秀夫在其《風土之構造》（講談社學術文庫，一九八八）序論中曾有如下之說：

由直觀而得的經驗，未必比通過客觀資料所得的推論差。和辻哲郎寫完《風土》一書後，讀了《人文地理學原理》一書。於是說，倘若早先讀此書的話，他就不會寫《風土》一書了。但是他在讀《人文地理學原理》以後所寫的《倫理學》下卷〈人類生活與風土關係〉一章，卻遠遠沒有其早先的《風土》一書那麼有魅力。這也許是因為我們在認識人與自然關係時，許多方面是依賴直觀，而非數據論證的吧。

可見直觀是很重要的。文化畢竟是由生活於相應自然環境中的人們所創造，這些人在其中出生、長成，享受著周圍的環境，乃至一生對之頂禮崇拜。因而無論氣象學如何發達精細，無論有多少氣象學數據，都未必能直接解釋與之相關的文化。要而言之，他們對自己所處自然空間的感受、態度及方式，我們都不能不依靠觀察與經驗來了解把握。

第五章　從天地起源神話看中國風土特色

天地起源神話與風土

每個民族的神話，都包含著該民族原始而素樸的感情和觀念。尤其是有關天地起源的神話，更能反映出該民族的思考特點。這類神話的產生有時是與其他民族的神話或思想的傳播影響有關，因而必須慎重分析。但是即便是受外來影響而產生的神話，也往往會無意識地融入本民族自然風土特色的投影。因此，我們可以先抓住有關天地創造的神話，由此角度來分析自然風土的特色。

且以日本典籍中的有關記載爲例來看，《日本書紀》中的神話大致是中國《三五曆記》和《淮南子．天文訓》中故事的薈萃。但是更早出的《古事記》❶中神話，卻具有明顯的日本風

❶《古事記》產生於公元七一二年，而《日本書紀》產生於七二〇年。

土特點。茲引《古事記》的開章部分一段：

當初，有一種像油脂般的飄浮物，在它成為海蟄而游動時，一種像葦芽般的、生命力旺盛的東西變成了神，他的大名叫宇摩志阿斯訶備比古遲。

關於這段神話，評論家唐木順三（一九〇四～一九八〇）在《日本人心的歷史》（筑摩叢書，一九七六）中曾引及益田勝實的解釋：「『宇摩志』是讚美之辭，『阿斯訶備』是指蘆葦的芽，『比古遲』則是對男性長老的敬稱。因此可見，『宇摩志阿斯訶備比古遲』這一名稱是從葦芽般生長的東西變化而來，它只是將葦芽加以神化而已。」唐木順三由此又說：「將一根葦芽視為神，對蘆葦的芽如此驚訝讚嘆，因為這象徵著早春的生命力，象徵著孕育天地的精靈。這是一種詩性的直感。」上引《古事記》中這段文字記載因此又被評譽爲日本特有的「原始詩情」。

盤古神話

與日本神話相同的，其他國家的創造神話也反映著他們的風土，比如中國的創世神話中，最著名的是盤古開天地的神話。該神話中所反映出的風土特點更爲明顯。盤古神話在中國典籍中出現的時間很晚，三國時代（二二〇～二八〇）的吳國徐整所著《三五曆紀》中記錄道：

天地混沌如雞子，盤古生其中。萬八千歲，天地開闢。清陽為天，濁陰為地。盤古在其中，一日九變。（《藝文類聚．卷一》，《玉函山房輯佚書．史編．雜史類》引）

同是徐整所著的《五運曆年紀》中也有：

元氣濛鴻，萌芽茲始，遂分天地，肇立乾坤。啓陰感陽，分布元氣，乃孕中和，是為人也。首生盤古，垂死化身，氣成風雲，聲為雷霆。左眼為日，右眼為月，四肢五體為四極五嶽。（《繹史．卷一》引）

上兩則記載，內容稍有不同，但是將盤古稱爲最早的巨人，在開天闢地時由他的肢體而生萬物，這卻是中國創世神話中代表性的說法。據說盤古神話最初起於中國南方少數民族

（傜、苗、黎各族），自三國時代徐整《三五曆紀》收入漢籍後，盤古便成爲中國人民的共同祖先。這裏我們要注意的是，在盤古巨人出現以前的世界，中國古代對之是如何想像的。這兩則記載中都不謀而合地將盤古以前的世界狀態描寫爲「混沌」、「濛鴻」，這種描寫實際上更能代表中國古代的宇宙發生觀。從表面上看，盤古神話似乎講的是盤古創造了天地，但是仔細追究的話，可以發現，該神話中在盤古尚未出現時，就已經有了「混沌濛鴻」的宇宙。在這個意義上，我們可以將盤古開天地的神話歸之於「混沌」說。

《楚辭》中的天地開闢說

在考察中國古代天地開闢的各種傳說時，人們常常提及《楚辭》中的〈天問〉篇。〈天問〉一般認爲是由楚國悲劇英雄屈原（前三四三～前二七七）所寫，它反映了距今約二三〇〇年前中國對「天」的種種問題，屈原在該詩中直陳無遺地表露了他對開天闢地以來各種現象的懷疑，從中我們可以窺測到屈原以前的古代神話留影。〈天問〉中首先提出的疑問是：

曰遂古之初，
誰傳道之？

上下未形，
何繇（由）考之？
冥昭瞢闇，
誰能極之？
馮翼惟象，
何以識之？

這兩段詩的大意是：

在太古初期的事，
是誰傳說下來的？
天地尚未劃分形成時的事，
如何才能去考察它？

晝夜尚未分開時，
誰能窮究其中的事物？
大氣瀰漫朦朧的時候，
如何能看清它的形狀？

（原書所引爲日本著名漢學家目加田誠的譯文）

上引第二段中的「馮翼」，指氣滿浮動之狀。由此可見，在遙遠的古代，中國人認爲天地未形成以前，空間充滿的只是氣，一切都顯得朦朧不清。因此，被稱爲古代神話寶庫的〈天問〉，其對天地開闢的認識，也可以歸之於元氣鴻濛的混沌說。

《莊子》中的「渾沌」寓言

《莊子》的〈應帝王〉篇中有一則關於「渾沌」的寓言，它比屈原的〈天問〉詩更爲早出。雖然通常它被稱爲寓言，但是許多人認爲它也可以作爲中國古代關於宇宙生成的神話來看待。我以爲，它很可能最初是神話傳說，只是到莊子時才被寓言化、思想化的。內容如下：

南海之帝為儵，北海之帝為忽，中央之帝為渾沌。儵與忽時相與遇於渾沌之地，渾沌待之甚善。儵與忽謀報渾沌之德，曰：「人皆有七竅以視、聽、食、息，此獨無有。」嘗試鑿之，日鑿一竅，七日而渾沌死。

這則寓言見於《莊子》中〈內篇〉的最後部分，而一般認爲〈內篇〉各部是莊子本人所作。因而該寓言對於莊子思想而言，是極其重要的（有人甚至將莊子思想概稱爲「渾沌氏之術」）。這裏我們不必深究莊子思想與「渾沌」的關係，只要分析「渾沌」其人與宇宙起源的關係便足夠了。

在這一神話中，支配南海與北海的帝王分別名爲「儵」與「忽」（兩名合在一起爲「儵忽」，漢語中意指轉瞬之間），與他們相對的中央帝王名爲「渾沌」。但是「渾沌」不僅只是一種假設的名稱，他還曾是古代其他神話中的主人公。有時他被寫爲「渾敦」或「混沌」。《春秋左氏傳》文公十八年中言及：

昔帝鴻氏有不才子……天下之民謂之渾敦。

又《山海經》的〈西山經〉中也寫道：

（西山）……有神焉，其狀如黃囊，赤如丹火，六足四翼，渾敦無面目，是識歌舞，實惟帝江也。

兩段記載中的帝名分別爲「鴻」與「江」，而這兩個字在上古音中相同，「鴻」字是「江」字加「鳥」，它暗示了上引第二則中的「識歌舞」（鳥能鳴叫起舞）。如果確是這樣的話，那麼「帝江」（亦即「帝鴻」）的狀態與「渾敦」（混沌）很有相似之處。這是因爲渾沌是帝鴻之子，亦即是帝鴻的分身。

另一方面，《莊子》中稱「渾沌」爲「中央之地」，而《呂氏春秋．季夏紀》中道：「中央土……其帝黃帝。」據此則渾敦還當與黃帝是一個人。將以上所引資料歸納整理起來，可成這樣的關係圖：

帝江＝帝鴻＝渾沌（帝鴻之子、分身）＝黃帝

帝江（取自清初版《山海經廣注》附圖）

渾沌歸根結底是黃帝，而黃帝是自顓頊、帝嚳、堯、舜、禹迄殷朝（？～前十一世紀？）始祖契，乃至周朝（前十一世紀～前二五六）始祖后稷的祖神。換言之，他是中國整個民族的共同祖神，那麼渾沌也可以說是中國的祖神。如此重要的祖神姓名，被以「渾沌」這個表示朦朧不清、漫無秩序的詞來取名，這突出地反映出中國古代人們對宇宙起源的特殊看法。

《淮南子》的天地開闢說

中國古籍中明確解釋天地開闢原因的記載見於《淮南子》中的一些篇章內。《淮南子》是西漢劉安（前一七九～前一二二）所編撰，它堪稱中國古代關於天地產生原因最早的理性論述。雖然其中的解釋已經融入了《周易》、道家等的思想，不能將之與前引神話中的素樸觀念相提並論，但是它卻最鮮明地表述了中國人在天地起因方面的看法。其中寫道：

天墜（地）未形，馮馮翼翼，洞洞灟灟，故曰大昭。道始於虛廓，虛廓生於宇宙。宇宙生氣，氣有涯垠。清陽者薄靡而為天，重濁者凝滯而為地。（〈天文訓〉）

古未有天地之時，惟象無形，窈窈冥冥，芒芠漠閔，鴻濛鴻洞，莫知其門。有二神混生，經天營地，孔乎莫知其所終極，滔乎莫知其所止息。（〈精神訓〉）

這兩段記載可謂清晰明確的混沌起源說。它認爲，在天地產生以前，宇宙是一片「馮馮翼翼」、「洞洞灟灟」、「窈窈冥冥」、「芒芠漠閔」、「鴻濛鴻洞」的狀態，其中清而輕的氣上升而成爲天，濁而重的氣下沉而積爲地。《淮南子》的這一自然觀，以後成爲中國思想普遍的萬物生成自然觀，所有的思想都無例外地接受了這一看法。對此後面將再詳述。

古希臘神話中的混沌說

如上所述，中國古代有關天地創造或起源的神話，幾乎都可以歸爲「混沌」說。這一點進一步證明了我所說的中國風土特點。也許有人會問，在其他國家的早期神話中，未必没有類似中國神話「混沌」說內容。這種提問不無道理，然而類似「混沌」的神話雖有，但在內容上卻有著微妙差別。因而嚴格地說，完全與中國古代神話一樣的「混沌」說，恐怕全世界都沒有。例如，古希臘赫希俄德斯（Hesiodos，約前七〇〇年時）的《神譜》中有如下一段話：

> 最初出現的是卡奧斯（Khaos，空隙），其次是廣闊的大地，再次是白雪晶瑩的奧林比斯山，那是羣神們永久的住所，然後是大地底下陰暗的地獄，接著誕生了羣神中最美麗的愛洛斯。

根據《神譜》日譯者藤繩謙三所言：

> 這段話中的「卡奧斯」（Khaos）一詞，在以後漸漸具有「混沌」的意味，但是它的本意卻是「空隙」，也就是說，它指的是萬物形成以前的虛無……表示「空隙」的詞之所以後來轉而具有「混沌」之意，可能是人們逐漸認為，由混沌轉為秩序，這樣一種宇宙觀可謂合理些。（《希臘神話的世界觀》，新潮選書，一九七一年）

另外，費里克斯・格蘭(Felix Guilland)在《希臘羅馬神話》一書中也曾指出：

赫希奧德的「卡奧斯」一詞，在希臘語的詞根是χά（音Ka），與該詞根發音時張大口腔的狀態相關，它所指示的只是廣漠的空間。「卡奧斯」真正成為表示空中混沌狀態意思的詞，是很久以後才有的。並且，它還只不過是由χέω（音keo，意為澆注）誤生的結果。該詞不具有任何神格意義，而純粹是屬於宇宙學方面。

由此可見，他也認爲希臘神話中的「卡奧斯」，並非意指我們所謂的「混沌」，而是指「空間」、「空白」、「空隙」等。

不過，對此也有不同的看法。皮埃爾・格利馬爾(Pierre Grimal)的《希臘神話》中認爲：

「卡奧斯」雖然意指空虛，但卻與物理科學中否定性的、無任何存在物的空虛有所不同。它充滿張力，足以勝任世界的母胎，是尚未形成組織的空虛，而並非空洞無存在。

我在希臘語方面並非專家，因而難以斷定何說爲確。但是，即便是根據皮埃爾·格利馬爾的說法，也可以看出，古希臘人所想像描述的「卡奥斯」狀態，與古代中國元氣鴻濛性質的「混沌」仍有著微妙的區別。

巴比倫的混沌神話

如所周知，古代巴比倫關於天地起源的神話中，也有混沌之說。公元前約二千數百年時用阿歌達(Akkad)語寫成的一首歌中，有如下一段歌詞：

誰也沒有說起上面的天空，
下面的大地還沒有名稱，
那時只有阿普斯、曼姆和提亞瑪特，
她們創造了天地萬物，
但是用的卻只是以水攪拌的方法。
那時並沒有泥土，
更不見丘陵山巒。

H・A・法蘭克福特(Frankfort)在其《古代東方神話與思想——前哲學時代》一書中曾對這首歌作過這樣的解釋：

這首歌敘述的是宇宙最初的階段，那是水一般混沌的狀態。這種混沌狀態由三種元素構成：阿普斯是水的化身，提亞瑪特代表的是大海，而曼姆則很可能是指雲霧之類。這三者都與水有關，它們以各自不同的狀態相雜共存。那時還沒有沼地、島嶼，也還沒有出現任何神。

由此可見，巴比倫天地起源神話中的混沌說，其原質主要是水。古代美蘇不達米亞平原的生活與農業生產，與水密切相關依賴，該地區的人們由此便奉水神爲最古的神。上述天地起源的混沌說之所以視水爲最原始基質，恐怕原因也是在此。

雲南少數民族的天地起源神話

中國西南部（雲南省）少數民族的天地起源神話中，也有不少混沌之說。例如傣族，據王孝廉《中國神話諸相》中對該神話的轉述：

距今數億萬年以前，太空中沒有太陽、月亮，也沒有地球，有的只是氣體、煙霧與狂風。煙霧與氣體混攪，氣體與狂風相交。它們無處不在，流動、攪和、摩擦。後來逐漸凝結，形成某種神性的物體。它與人體相似，但是卻極其巨大，並且具有無比能力，乘雲駕霧，在天空中不斷遊動。他就是創造萬物的英帕神。英帕神目睹世界一片茫茫，便發願讓大霧變成泥土。果然，不久泥土產生了。然後他在土中種植了各種果物，接著又創造了人以及各種動物，成為萬物的始祖。

顯然，這是一種氣體、煙霧、狂風交雜的混沌說，類似盤古的「英帕」神是誕生於這一片原始的混沌中。除此之外，楚雄彝族、路南彝族、布朗族等的創世神話中，也有許多類似的混沌說。雲南地區少數民族神話中，這類混沌起源說之所以普遍流行，應該是該地區雲氣氤氳的自然風土特點的反映與結果。

中國混沌神話與風土特點

由上可見，同樣是神話中的混沌起源說，進一步追究混沌狀況中的原質及形態，則各有微妙的區別。那麼，中國神話中的混沌說究竟有何特點呢？要而言之，可以說是「氣」的混沌。具體而言，北方大體表現爲土氣、塵氣的混沌，南方則大體表現爲雲霧的混沌。例如，前引《山海經》中的混沌神（黃帝），其狀如黃囊，色如火紅，無面無目，一團混沌，並且擅長飛舞。這些屬性使人總覺得是黃土、黃氣、塵埃的某種人格化、神格化的產物，它鮮明地反映了中原一帶的風土特色。另一方面，《楚辭》、《淮南子》等典籍中的混沌神話，則突出的是雲氣瀰漫之狀，它是江淮流域風土特色的反映。總之，中國古代天地起源的神話皆可歸諸混沌説，而其具體性質則是塵埃或雲霧的混沌。這種性質極其雄辯地證明了孕育中國文化的風土特性。

第六章 中國思想之特性的形成原因

——與朦朧空間的關係

一、「氣」的思想

「氣」的起源

「氣」是中國固有思想中最有特色的方面之一。在今天的日本，許多宇宙論或養生論的出版書籍，都是以「氣的發現」、「氣的世界」這類標題爲書名。與此相關的還有「氣功」之類的養生術。一般人談及醫學方面問題時，似乎最關心的莫過於「氣」了。此外，日語中有大量以「氣」字組合的詞語，諸如「空氣」、「大氣」、「生氣」（朝氣）、「志氣」、「氣量」、「氣持」（心情）、「人氣」（受歡迎）、「氣味」、「景氣」、「氣分」（心境）、「氣乘り」（感興趣）、「氣合」（鼓勁）、「氣を配る」（留神）、「氣が利く」（機靈）等等。這類詞彙遍及天文氣象、身體醫術、文學藝術、武術兵法、社會經濟、性格氣質、感情心理等各個方面，可以說人生社會，無所不及。它在日語和日本社會日常生活中扎根是如此之深，以致許多日本人並不意識到「氣」這一概念最初是從中國引進的，而事實上，「氣」無疑是源於中國、最具中國文化特性的詞語，並且，在中國傳統思想體系中，它也是最重要的概念之一。

但是，「氣」的觀念何以會在中國產生？這一概念的原型是什麼？這是我們必須弄清的問題。就「氣」字的字源而言，有各種說法，諸如起源於風、起源於土、起源於雲，乃至起源於人的呼吸等等，至今尚未有定說。我個人傾向於起源於雲氣的解釋。因爲最早系統解釋漢字的書，即後漢許慎（三〇～一二四）的《說文解字》中這樣說：「氣，雲氣也。象形。」這可視爲最明快的解釋。但是，在殷代的甲骨文和周代的金文中，都不見「氣」字，而只有字形稍近的「乞」字。「乞」字有乞討之意，它當時是否與「氣」通假，這一點不甚清楚。因而，以雲氣來解釋「氣」字的起源，根據尚不很充分。然而與其他諸說比較而言，我以爲雲氣起源較爲可信。

萬物生成之根本的「氣」

在我看來，「氣」的起源問題並不十分重要，更重要的是中國文化爲什麼對「氣」如此重視。自古以來，中國思想家們就將「氣」視爲萬物生成的基始，並且也是萬物生命與運動的原始力量。古代中國所有的思想家都把「氣」作爲最基本的哲學範疇，他們對「氣」的存在以及它的原理功能都深信不疑。中國思想家們還認爲，萬物並非由神所創造；相反，即便是神，通常也被認爲是由「氣」演化而來。

張載「氣」的哲學

張載是北宋時的哲學家（一〇二〇～一〇七七），他曾說過如下一段話：

> 氣者坱然太虛，升降飛揚，未嘗止息。《易》所謂「絪縕」、莊生所謂「生物以息相吹野馬」歟？此虛實動靜之機，陰陽剛柔之始。浮而上者陽之清，降而下者陰之濁。

如果說張載的這種思想，形成於他在陝西鳳翔多霧的田舍閑居生活中的話，那麼可以認爲，他所說的「氣」當是與春日田野中飄浮的氣息（野馬），以及天空瀰漫的雲霧（絪縕）有關。（一般說來，古代那些「氣」思想的代表性人物，如王充〔二七～一〇〇〕、柳宗元〔七七三～八一九〕、王夫之〔一六一九～一六九二〕等，都是在多霧的田舍中閑居時，孕育出關於「氣」思想的）

也許有人會認爲，張載是位有名的氣論思想家，所以他才會有關於「氣」的上述認識。事實上，這種認識卻是中國古代歷來的普遍觀念。

朱熹的理氣說

朱熹（一一三〇～一二〇〇）是南宋時的大思想家，他創立的學說後來成爲「朱子學」。然而，即便是他對天地萬物生成的論述，也與以往的思想家們並無根本不同：

> 人之所以生，理與氣合而已。天理固浩浩不窮，然非是氣，則雖有是理而無所湊泊。故必二氣交感，凝結生聚，然後是理有所附著。（《朱子語類．卷四》）

> 物之生，必因氣之聚而後有形，得其清者為人，得其濁者為物。假如大鑪鎔鐵，其好

者在一處，其渣滓又在一處。（同上，卷一七）

在朱熹看來，生成萬物的不僅僅是「氣」，而且有「理」。「理」是規範支配萬物的根本和絕對原理。朱熹學說與「氣」一元論不同之處即在此，他將「理」與「氣」結合而解釋萬物生成。但是，從根本上講，朱熹並沒有動搖萬物由氣生成的原理。例如，道家的列子（生卒年不詳）曾說：「夫有形者生于無形……清輕者上為天，濁重者下為地。」（《列子・天瑞》）而朱熹也有類似的說法：「天地初間只是陰陽之氣。清剛者為天，重濁者為地。」（《朱子語類・卷一・理氣上》）

「氣」的機制

要而言之，中國人無不認爲，充滿於太虛之中的「元氣」中，存在著生成萬物的機制。這種氣或動或靜，時而濃密，時而稀薄。濃密則重濁，稀薄則輕清。它的變化無時不有，無處不在。並且，輕清之氣稱爲陽氣，重濁之氣稱爲陰氣，萬物便是由此陰陽二氣聚散消長而各具異形。如果將這一變化過程圖示的話，大致可歸結爲如下程式：

氣的聚散興替

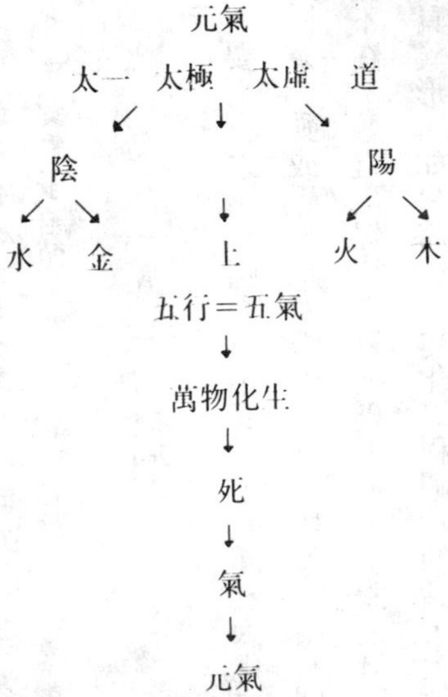

進而言之，「氣」還有如下按陰陽系列展開的兩相對應的運動：

氣
陽＝發散、開、浮、輕、清、動、剛、熱、伸、明
陰＝凝聚、閉、降、重、濁、靜、柔、冷、屈、暗

由此看來，古代中國人將天地山川、有生命體或無生命體、鬼神乃至人——總之是宇宙中的一切，都看成是由「氣」的變化而生成。所有的古代思想家都是如此認爲的。這種世界觀乃至於人生觀可以說是中國傳統思想中最本質、最具特徵的部分。

「氣」與中國的大氣

「氣」的思想在中國何以會形成，何以會普遍流行呢？歸根結底，它與中國的自然風土

關係密切。天空蒼茫朦朧，雲氣流動不息，或伸或縮，或升或降，時而清澄，時而重濁。這一切呈現在眼前，任何人都會把它們想像爲雲霧，或者是瀰散塵寰的大氣。中國的自然天空確實有著與「氣」思想相應的特性。清學者王夫之曾說：「凡虛空皆氣也。」「虛涵氣，氣充虛，無有所謂無者。」（《張氏正蒙注．卷一》）「天以太虛為體，而太和之絪縕充滿焉。」（同上，卷二）

中國人原來具有不喜歡離開具體事物而談抽象理念的傾向。「氣」也正是這樣一種抽象性的理念，它沒有具體實在的對象，可是這樣的抽象性概念，卻能幾千年來一直被信奉，這是非常不可思議的事。但是說到底，這種根深柢固的信仰在很大程度上與自然空間的朦朧性、混濁性有著必然的因果關係。

空氣澄淨的地方，人們一般不易感覺到大氣中有某種生命力或原驅力的存在；相反，當空氣呈混沌狀態時，則很容易有那樣的感覺。西洋國家的地理環境中無疑也有霧，但那裏的霧卻顯得均質單調，並且大氣具有的是一種明澈之美，因而很少給人以生成萬物的原驅力感覺。但是中國天空中因充滿雲霧塵埃而呈朦朧狀，正如「大氣磅礴」一詞所表明的那樣，給人以萬物由此而生而變的動力感。唐代柳宗元在〈天說〉一文中曾說：「彼上而玄者，世謂之天，下而黃者，世謂之地，渾然而中處者，世謂之元氣。」便反映了這種感覺。李約瑟的

《中國科學與文明・卷五》「天文學」部分曾指出過中國氣象學者們的共識，即認爲「古代中國（至少是北方地區），其氣候要比現在暖和濕潤」。據此，則古代中國人比今天更易强烈地感受到「氣」的存在以及它的種種魅力。

風土條件與「氣」思想的孕育

古希臘哲學中的原子論認爲，世界與天地空間中，充滿著無數極微小的物質粒子，亦即所謂原子（atom）。這種原子論似乎與中國的「氣」論有相似之處，因而也許有人會認爲，未必只有中國的風土環境才會產生「氣」的哲學。但是仔細分析，兩者卻有質的區別。山田慶兒在《日本與東洋》（新潮社，一九六九年）中指出：

> 歐洲哲學中，本體似乎是不動的。例如帕門尼得斯（Parmenides）（前五一五～？）所論及的最初的實體，便大約是圓型而並不滾動的粒子，這種粒子因極微小而肉眼看不見。從帕門尼得斯這種不動的原子論看，古代歐洲對自然的看法是傾向於靜止論的。與這種自然觀相比，中國古代思想中的自然觀，卻是充滿變化的，並且這種變化永無止息。總之，在自然觀的這一方面，歐洲與中國的認識形成鮮明對比。

正如山田慶兒上面所指出的那樣，古希臘的原子論與中國的「氣」論，兩者間有著很大區別。歸根結底，哲學、宗教、文藝乃至其他許多場合，都無不有與自然風土相關、因而必然會有與之相應的特性表現。

另一方面，就日本的大氣而言，雖然不如歐洲那樣澄明，但較之中國卻顯得清新均勻。這種自然空間使人不易有濃淡清濁的差別感以及像《周易・繫辭下》中所言「天地氤氳、萬物化醇」的生命力感。在這種風土環境中生長的日本人，當然也就不容易形成那種宇宙生成的「元氣」觀念。前面曾言及，日語中有許多詞彙都與「氣」有關，因而可以說「氣」的文化在日本社會也非常普及。但是正如赤塚行雄《氣的構造》（講談社現代新書，一九七四年）中所言，日語中有關「氣」的詞彙基本上都是限於人的精神、心理領域。至於那種有關宇宙生成的「氣」概念，除了江戶時代受中國文化影響較深的一些思想家、科學家以外，就一般社會而言，很少用及。

二、《老子》的思想

《老子》思想的特異性

一般認爲，《老子》中的思想只能產生於中國。與世俗社會反其道而行之的僻論「無爲」、「不爭」以及具有神秘主義色彩的「道」（諸如「惚」、「恍」、「希」、「微」等），這一切都無疑是從十分奇特的發想而來。爲什麼中國會產生老子這種背離生活常識的思想呢？對此曾有過種種解釋。有的認爲這是春秋戰國時期弱肉强食悲慘現實的反映，有的認爲是受印度婆羅門教影響而來，也有的認爲這出於一種神秘的體驗，總之是衆說紛紜。在我看來，這一切的解釋都還只是隔靴搔癢。老子特殊思想產生的最主要原因，首先不能不歸諸於中國風土的特殊性。

毫無疑問，風土本身並不能產生思想，老子思想的形成有許多其他方面的重要因素。但是，老子思想能夠流傳如此廣泛，對後世產生如此始所未料的影響，這一切都受助於中國風土背景給人的實感。

「道」的本質

要認識老子思想本身的特性，最重要的是弄清《老子》中對所謂「道」究竟是怎樣闡說的。茲舉其中有代表性的數例：

有物混成，先天地生。寂兮寥兮，獨立不改。周行而不殆，可以為天下母。吾不知其名，字之以道。強為之名曰大。（第二十五章）

視之不見曰夷，聽之不聞曰希，搏之不得曰微，此三者不可致詰，故混而為一。其上不皦，其下不昧，繩繩不可名，復歸於無物，是謂無狀之狀，無物之象，是為惚恍。（第十四章）

孔德之容，惟道是從。道之為物，惟恍惟惚。惚兮恍兮，其中有象，恍兮惚兮，其中有物。（第二十一章）

這幾個章節把作爲萬物生成根源的「道」說得很清楚：「道」無名可狀，也難以捕捉，勉强爲之取名的話，則只能用「混成之物」、「寂」、「寥」、「天下之母」、「大」、「夷」、「希」、「微」、「一」、「無物」、「無狀之狀」、「無物之象」、「恍」、「惚」、「窈」、「冥」等詞語來表現。

那麼「道」究竟是什麼？雖然老子用了一系列不同的詞語來表現它，但要而言之，他所推崇的萬物生成之「道」無非是「混沌之氣」而已。《老子》第四十二章說：「道生一，一生二，二生三，三生萬物，萬物負陰而抱陽，沖氣以為和。」其中言及的「氣」就是「道」。《老子》中極少用「氣」一詞，而一味地講「道」，但是正如《莊子・天運》篇中所言「聽之不聞其聲，視之不見其形，充滿天地，苞裹六極」那樣，老子的「道」歸根結底是「混沌之氣」。

「道」的發想導因

是什麼原因使老子產生那種「道」的觀念呢？著名漢學者小川環樹（一九一〇～一九九三）曾總結各種解釋而指出，老子並非是循思辨之路而提出「道」的，相反，卻很可能是出於某種神秘的體驗（見《老子解說》，中公文庫，一九七三年）。究竟是否出於神秘體驗且不去管它，無論如何，這一觀念不會是思辨的產物。如前所說，中國人在形成思想或接受思想之時，通常並非單純地從抽象的理念或概念出發，而往往緣有某種具體的實感。

從上引《老子》中的有關章節可見，老子强調的是「道」的朦朧性、模糊性、不透明性、混沌性，而這一切恰恰也是中國風土的特點，中國自然空間中塵埃瀰漫、雲霧絪縕狀況給人的感覺正是如此。《老子》另一些章節中講到「玄」、「玄而又玄」（夜晚的山谷幽深處）、「上善若水」、「混兮其若濁」（深淵之水），乃至「玄牝」、「谷神」（女性陰戶）等，這些或許也與老子「道」發想的起因有關，但是與充溢宇宙天地、普遍存在的「元氣」相比，畢竟是太狹隘渺小，不足以作爲「道」的象徵。廣袤空間中飄散不定、混沌不清的「元氣」畢竟人人感受得到，隨時感受得到，因而更適宜作「道」的象徵。即便是普通人，在這樣一種風土特性的空間中，一般也很容易感悟那種能生成萬物的「道」觀念。

《淮南子》的「道」形象

《淮南子》中的《原道訓》篇通常被認爲是受《老子》影響，乃至可以說是訓釋老子之「道」的。其中寫道：

夫道者，覆天載地。廓四方，折八極。高不可際，深不可測。包裹天地，稟受無形。源流泉浡，沖而徐盈。混混滑滑，濁而徐清。故植之而塞於天地，橫之而彌於四海。施之無窮，而無所朝夕。舒之幎於六合，卷之不盈於一握。約而能張，幽而能明，弱而能強，柔而能剛。橫四維而含陰陽，紘宇宙而章三光。甚淖而滒，甚纖而微。

這段描述中的「道」形象，顯然就是雲氣一類的狀態。道家所言的「道」是超越於言語之表的，它聽之無聲，視之無形，因而並不能説雲霧、塵埃充溢其間的自然空間本身就是「道」。但是從「舒之幎於六合，卷之不盈於一握」的描繪看，《淮南子》中的「道」可以認爲就是根據這種自然空間想像而來的「混沌元氣」。《老子》中的「道」也同樣如此，它們都包含著中國自然空間所給人的特殊感覺。

悖論(paradox)感覺

與朦朧混沌的自然空間相關，《老子》思想的另一個特點是，它包含著許多常識難以理解的悖論。例如四十一章「明道若昧，進道若退，夷道若類（起伏）」、「大方無隅，大器晚成，大音希聲，大象無形」等等。西歐的自然空間明澈清晰，一切都輪廓分明，因而這類悖論在那裏很難被理解。而中國的自然空間卻給人以渾然一體之感，因而這種思想也很容易被接受理解。《老子》中還説：「和其光，同其塵」（五十六章）、「混兮其若濁」（十五章）、「為天下渾其心」（四十九章）、「光而不耀」（五十八章），這類話都反映了對混沌、糊塗、愚鈍人格的特殊推崇。而這樣的人格，在空氣清新明朗的世界中，都只被視爲最低劣者，很難受到肯定。但是在中國，這樣的人格卻與自然風土環境十分協調融合，很容易被歡迎接受。由此還可見，《老子》中的上述悖論，未必是理論思辨的產物，而更主要是出於中國自然環境中的實際感受。

無為自然

與「道」相輔相成，老子思想的另一個核心內容是「無爲自然」的生活方式。所謂「無爲自然」是指放棄一切人爲的智巧努力，「輔萬物之自然而不敢為」（六十四章），「夫智者不敢為也，為無為，則無不治」（三章），「為無為，事無事」（六十三章），「上德無為而無以為」（三十八章），《老子》書中這一類論述隨處可見。這種否定人爲努力的思想何以會產生的呢？我以爲歸根結底它與中國風土的特性有關，沒有與之相應的特殊自然風土，「無爲自然」的人生觀很難產生。

任何人置身於中國，眺望空曠荒漠的自然，或者是朦朧蒼茫的天空，都不免會產生某種惶惑不安、無可奈何的感覺。這種感覺使人很容易放棄一切努力，視一切努力爲徒勞，乃至最終捨棄自我而投入大自然的懷抱。西歐環境中的自然，風景秀美，大氣清澄，一切都呈現得清澈明晰。這種環境有助於人的思維活動，並激發人征服自然的意欲。中國的自然，因其荒漠朦朧，傾向於使人感悟人力的渺小無用，向自然挑戰的意欲遂被順隨自然的意欲所替代。即使是勤勉努力，「知其不可而爲之」的儒家始祖孔子（前五五一～前四七九），也不免常有人力有限的宿命感。孔子常言及「天」、「天命」，便是其無力、虛脫、絕望之類感覺的流露，而歸根結底，這種感覺孕生於中國特殊的自然風土中。

我以爲，《老子》中「無爲自然」的思想歸根結底起源於中國大氣空間的混沌朦朧性。與此相應，中國文化對人爲努力的徒勞感悟，以順從自然、無條件讚美自然和歸依自然取代抵抗與挑戰自然的人生態度，恐怕也都與這種特殊的自然風土背景有關。在這個意義上可以說，後世中國人常說的「沒有辦法」的觀念，也與《老子》中「道法自然」、「大順」、「玄同」、「不爭」、「無爲」等同出於一個基盤，它們都是《莊子・德充符》中所謂「知其不可而安之若命」的表現。雖然《老子》中順隨自然的思想還具有積極性格的一面，但是「沒有辦法」則顯得像《阿Q正傳》中表現的那樣，更爲消極。

孕育《老子》思想的風土環境

漢學者森三樹三郎（西元一九〇九～一九八六）曾指出：

> 一般地說，宿命論或者順從命運的思想，較易產生於農耕民族的社會。農業是受自然環境影響最大的產業，因而農民在長期的農耕生活中很容易養成順從自然與命運的觀念。在農業社會中，個體自己開拓命運、征服自然的思想不那麼容易產生。（中央公論社，《世界名著叢書》之四，《老子與莊子》）

農耕民族確實受自然地理以及氣象環境的影響很大，但是同樣是農耕民族，許多國家卻並没有產生像《老子》、《莊子》這樣徹底的順從命運、提倡無爲自然的思想。因而，中國文化中這種對命運無奈的感覺和樂於順隨自然的觀念，說到底仍是根源於中國獨特的風土，亦即廣袤的大地與蒼茫的空間。

三、「萬物一體」、「天人合一」、「陰陽五行」等思想

有關自然與人一體感的思想，任何民族都曾有過，只不過程度不同而已。中國文化中這種思想表現得尤其突出，並且它是構成中國傳統文化特性的一個重要方面。談論中國哲學時經常用及的相關術語有「天人合一」說、「萬物一體」論、「天人相關」說、「物我合一」論、「陰陽五行」說、「萬物齊同」論等等。我認爲，這一切都根源和派生於中國獨特的人與自然合一的觀念基盤中。下面對這些思想分別作簡要分析。

天人合一說

「天人合一」的「天」是指大自然，「人」則是指人類（或指人的心靈）。該說認爲這兩者本來是一體的、相和相諧的，它表現了與自然之道冥合一致的期望。這種觀念自很古遠時代便開始流行傳播，並成爲中國思想的底流或基調。雖然也曾有極個別的思想家提出過反論（如王充、柳宗元、劉禹錫等），但是大部分思想家卻都是這一觀念的信奉與倡導者。

且舉典籍中數例：「人者天地之心也」（《禮記・禮運》）、「天地生君子，君子理天地。君子者，天地之參也」（《荀子・王制》）、「與天為徒」（《莊子・人間世》）、「人與

天一也」(《莊子·山木》)、「人與天地一物也」(程顥《河南程氏遺書·卷十一》)、「天地人只一道也」(同前，卷十八)。這些話表達的都是天人合一的思想。

萬物一體論

「萬物一體」論强調的是，人與天地間萬物同樣，都是受陰陽之氣化合而生。由於人與萬物的根源相同，因而人也可以反歸自然，在精神上達到與之化而爲一的境界。這一思想與「天人合一」同樣，都是構成中國傳統自然觀、人生觀基調的重要方面。

舉例而言，「惟天地萬物之父母，惟人萬物之靈」(《書經·泰誓上》)、「萬物皆備於我矣」(《孟子·盡心上》)、「天地與我並生，而萬物與我為一」(《莊子·齊物論》)等，這些都是「萬物一體」思想的表現。

宋明時代的學者們曾經從儒學的立場出發，對該說作了進一步引申發揮，將之作爲社會實踐論的依據。如明代王陽明(王守仁，一四七二～一五二八)道：「人的良知，就是草木瓦石之良知。……蓋天地萬物，與人原是一體。……風雨露雷、日月星辰、禽獸草木、山川土石，與人原只一體。……只為同此一氣，故能相通耳。」(《傳習錄·卷下》)。「夫聖人之心，以天地萬物為一體。其視天下之人，無外內遠近，凡有血氣，皆其昆弟赤子之親，莫不欲安全而教養之。」（同上，卷中，〈答顧東橋〉）。王心齋（王艮，一四八三～一五四〇）也寫道：「吾聞丈夫以天地萬物為一體，為天地立心，為生民立命。」（〈鰍鱔說〉）這類論說不勝枚舉。

此外，中國佛教提倡「物我一如」、「物我一體」、「草木土石，悉皆成佛」。特別值得注意的是，印度佛教講的是「一切眾生，悉有佛性」（《涅槃經》），具有「佛性」者只限於「眾生」（人類）。而在中國佛教中，「草木土石」這一切有生命無生命者都被賦予了佛性。這不能不說是緣「萬物一體」思想而來的變化。

天人相關說

「天人相關」說認爲，人是天（天地陰陽之氣）的產物，因而人理應遵循天地法則意志。換言之，人與自然能夠相互感應（因而有相感說、感應說），或者具有親密關係（因而有相類說、相關說）。具體而言，天子或爲政者是受命於天來統治下民，因而其行爲、政策邪惡不善的話，便會引起來自天上的警告懲罰，它們表現爲地震、旱澇等災害。反之，天子或爲政者所行合乎天意，則會獲得上天的嘉獎，紫雲、珍獸等便會隨之而降臨出現。西漢的董仲舒（前一七九?～前一〇四）在其《春秋繁露》的〈陰陽義〉篇中曾說：「天亦有喜怒之氣，哀樂之心，與人相副，以類合之，天人為一也。」董仲舒認爲人通過空中的「氣」，可以與天相感應。他被認爲是「天人相關」說的確立者。但是早在董氏以前，這樣的思考方式便已經出現。例如《周易・咸卦・彖傳》：「天地感而萬物化生。」「二氣感應以相與。」《書經・皋陶謨》：「天工，人其代之。」《墨子・天志中》篇：「天子為善，天能賞之。天子為暴，天能罰之。」這些論說將天意與人事視爲相互感應，具有宗教神秘主義的性質。循此一脈，後世產生了讖緯與迷信思想，並對中國的政治與文化發生巨大影響。

陰陽五行說

「陰陽五行」中的「陰陽」說是對天地萬物的兩分論，諸如男女、夫婦、父子、君臣、上下、夏冬、進退等，都被劃分爲「陰」與「陽」這兩個相輔相成的方式。該說認爲宇宙萬物都是按陰、陽二氣的運動變化而生成。「五行」之說，則認爲宇宙間充滿了木、火、土、金、水所象徵的五種氣（他們是宇宙運動的基本要素），天地間所有的事象，諸如季節、方位、顏色、氣味，乃至人的道德、感情等，皆按五行劃分組合。五行的交替循環活動，推動著萬物的生成變化。「陰陽」說與「五行」說在漢代結合一起，被用於天文、曆法、醫學、兵法、政事和民間信仰，它在歷代社會生活中（無論是官方或民間），都起著指導與規範作用。

萬物齊同論

「萬物齊同」論認爲，天地間的萬事萬物就其根本而言，都没有價值上的高低優劣之分，一切都是等價的。由於天地萬物歸根結底起源於混沌世界（「道」、「無」、「元氣」、「一」、「自然」等），因而自我的喪失，意味著與混沌自然（道）的冥合；由此而可進入無差別境界，體會到萬物齊同的真諦。《莊子》的〈齊物論〉篇奠定了道家這種人生觀、存在論的基礎，並對後世產生很大影響。其中人們熟知的關於毛嬙與麗姬的寓言，便是美醜無差別論的一例。

中國思想特色之我見

以上所述都反映了中國思想的獨特性。這類思想何以在中國表現得如此突出?在回答這一問題之前，我想先率直地談一下迄今爲止我對中國思想特性的感受。很長時期以來，我對中國的這種特有思想一直感到不可理解，讀中國有關典籍，總有不盡釋然之感。中國何以對這類思想會眷戀不已?自然萬物與人之間無疑存在著不可超越的隔閡，而爲什麼中國人卻那麼容易地產生萬物一體與天人合一的感受呢？我在享受美麗自然風景時，並非沒有類似的瞬間體驗，但是這種體驗與中國文化中所言的「天人合一」等多少是不同的。而且這畢竟只是一時的感受而已，遠非能永久持續的觀念。我一直很想理解中國思想的底蘊精義，但是卻總會感到自己的理解有點似是而非，乃至隔靴搔癢。我不能說自己已經理解或者體會了中國思想的精神，這也是無可奈何的事，畢竟我所生活的日本，不具有理解體會這種思想精神的自然風土條件。

對於日本來說，自然與人的關係極其微妙細膩、親密和諧，就像慈母懷抱幼兒一般。日本人對大自然母親的親切感，恐怕可以說遠比他國人强烈。這是因爲日本的自然環境溫和而秀麗，到處是綠色蒼翠，日本人由此而享受著溫馨的關懷恩惠。但是，中國文化中那種超自然性格的「自然」——亦即「天」、「道」、「元氣」之類的觀念，卻很難爲日本人理解。這是因爲日本的自然風土中，缺乏那種足以引起超自然感覺的要素。社會思想家中江兆民（一八四七～一九〇一）曾說：「日本自古以來未有過哲學。」如果承認確乎如此的話，那麼這主要是因爲日本不具有與產生形而上哲學相適宜的自然風土條件，因而難以產生所謂的「哲學」。由此可說，要日本人對上述具有深刻民族特性的思想，像中國人自己那樣能夠深切理解體驗，從根本上講這是過高的企望。我自己雖然是日本人，但卻願意不揣力薄，希望能盡量理解把握這類具有中國特性的思想。

與自然同源一體之感覺及其起源

如前所說，「天人合一」、「萬物一體」、「天人相關」、「陰陽五行」、「萬物齊同」，這類思想都是基於中國獨特的自然風土而產生的。這類思想的共同點是，它們都以人與自然同源一體的感覺爲基礎。那麼這種感覺又是如何形成的呢？它的形成原因並非僅僅因爲中國地域的廣大，而更主要是因爲空間由塵埃與雲霧所帶來的朦朧性。將「天」與「人」聯繫和溝通的是「氣」。由於這種「氣」，人會產生一種與萬物融合，並視自己爲萬物一分子的感覺，這種陶醉的感覺不再意識到主客體的區分。如果沒有那種包羅萬象而又朦朧混沌的自然空間，則很難會產生與大自然的融合一體感。

漢學者湯淺幸孫（一九一七～）曾經指出：

> 中國詩人對大自然的感情頗為獨特，他們把大自然視為宇宙之靈，視為生命之源，樂意委身其中，歸返其中。換言之，對大自然他們有一種依附歸屬的感覺。就此而言，也可以認為歸返與依託『自然』是古代中國根源最深的宗教。（《中國倫理思想之研究》第

一部，三）

可以說，在中國人意識的深處，存在著自然崇拜的心理，一種絕對信賴與歸依自然的願望。然而，同樣是對自然的崇拜，中國與日本比較卻有所不同。日本的自然崇拜傾向於感覺與情緒層面，而中國的自然崇拜卻顯然具有形而上和超驗的宗教性質，被崇拜的不僅僅是山川草木，更有「道」、「元氣」、「混沌」、「造化」、「天」等萬物根源的「自然」。我以爲，這種對萬物根源之「自然」的陶醉情感，是人在混沌朦朧自然環境中，進入某種麻痹恍惚的狀態後所產生的。

廣袤混沌的自然風土環境使人會不由自主地失落思考與時間感，物物之間的區別變得曖昧，主客界線也渙然消失。無我的狀態被漫無秩序（混沌）的大自然包容，由此便參入了「天人合一」、「萬物一體」等主客相融的混一境界。佛教僧肇法師所謂「天地與我同根，萬物與我一體」（《肇論》、《碧巖錄》第四十則）正是這種境界的寫照。

中國思想的理解問題

有關「天人合一」、「萬物一體」的思想在中國古典文獻中幾乎隨處可見。對於日本人來說，這類思想常常是難以理解的。例如在北宋詩人蘇東坡著名的〈赤壁賦〉中有這樣的一段議論：

客亦知夫水與月乎？逝者如斯，而未嘗往也。盈虛者如彼，而卒莫消長也。蓋將自其變者而觀之，則天地曾不能以一瞬；自其不變者而觀之，則物與我皆無窮盡也。

這段話對日本人來說極不可理解。因爲在日本人的常識中，人的生命不可能像天地那樣永不消逝。

同是宋代的張載在其《正蒙》中也說：「聚亦吾體，散亦吾體。知死之不亡者，可與言性矣。」其中「死之不亡」究竟是什麼意思呢？在日本人眼中，這也是頗費理解的話。

但是這些話卻都是出於中國偉大的文學家或思想家，在中國，遺憾的是，如果不瞭解這些思想的話，便不能理解和體認這種思想的真髓。而對於日本人，這類話卻顯得沒有根據，如果真的有此感受，並從內心理解這種境界的話，那就近乎不再是日本人了。因爲這種思想與「天人合一」、「萬物一體」等同樣，都是根基於與大自然同源融合的體認，絕對是中國特有的思想。雖然即便是中國人，也未必都能理解這種思想；但是至少，生活於混沌朦朧環境，並易於陶醉在大自然境界中的中國人，要遠比日本人更容易感悟和接受這種思想。

渾一世界觀的形成

將中國與西歐的思維方式作比較，可以說很大的不同在於：前者把事物視爲渾一的、包容的，而後者則力圖對事物作明確區分。歐洲精神的特徵之一是善於提出兩兩明確對立的概念。例如自然對人、自然對人工（人爲）、唯一神對人等，一切事物都被作爲人的對象來看待處理。在西方，物體與物體、事件與事件，對人而言都是客觀的、相互間有明確區別的，A不可以與非A相混淆。西方思想的源泉古希臘哲學，其性質被認爲是「觀」的哲學，雖然它與行動不無關係，但是其立場卻是客觀的，並具有觀察的特性。這是因爲西歐的自然環境空氣澄明，萬物都呈現出鮮明而判然區別的景象，這種背景使人有可能將事物作爲客觀的對象物來觀察。而在中國，情況卻是相反。天地萬物並不被視爲與人相異的對象物，而被看作是渾然一體的、包容不分的運行之大化。下面一些常見於古典文獻中的用語便是這種世界觀的直接表現：

包荒——「能包含荒穢之物，故云包荒」（《周易·泰卦》疏）

包裹——「包裹天地，稟授無形」（《淮南子・原道訓》）。「包裹天地而無表裏」（《文子・符言》）

含囊——「天地雖含囊萬物，物非天地之所為」（《抱朴子》），「包裹天地，含囊陰陽」（《道德指歸論》）

包含——「含元包一，甄陶品類」（《後漢書・郅惲傳》）

著名漢學者福永光司（一九一八～）對中國這種混沌而包容性質的宇宙觀曾作過如下評述：

> 西方的思想方法傾向於二分法，追求明晰的分析和理論的體系化。與此相對，中國式的思想方法則更樂於渾然一體的把握，對體驗的興趣遠甚於對知性與法則的興趣。這種思想方法或者被明確自覺地倡導遵循，或者只是生活行動中的某種無意識傾向。不管屬於哪一種，其根底都是一種主客不分的渾沌意識。中國傳統中所有的哲學性思考，都是出發於此，並且歸返於此。（中國文化叢書・二・《思想概論》，大修館書店，一九六八年）

關於這種「主客不分的混沌意識」究竟是如何形成的，福永光司卻未作任何說明。我以爲，從根本上講，中國風土中布滿塵埃與雲霧的特殊空間當是最主要的原因。只有在絪縕朦朧的生活環境中，方能產生出將天地萬物視爲渾然一體、包涵無盡的世界觀。

第七章　儒、道、佛三教分棲的自然空間

三教鼎立的基盤

中國傳統思想分爲儒教、道教、佛教三大部。先秦時代活躍爭鳴的諸子百家，至漢代時只剩下儒家與道家。以後又有傳自印度的佛教興起，到六朝時代，形成了「三教」鼎立的局面。這三教在以後的歷史中不斷延續發展，各自成爲具有廣泛深刻影響的思想體系。可以說三教鼎立形成以後，中國一千數百年歷史中的思想意識，便是由它們支配引導的。

這三大教爲什麼能夠在中國漫長的歷史中長期起主導與支配作用呢？儒教與道教是截然相異的兩種思想，它們何以能長久在同一國家中共存呢？中國的士大夫何以能將此三種極不相同的思想兼收並蓄於身，巧妙地運用於不同的生活境遇中呢？此外，道教與佛教有不少相似之處，它們之間的本質區別何在呢？確切解答這些問題並非容易，在我看來，與中國歷史上這種三教鼎立現象相關的最大原因，乃是中國特殊的風土條件。

風土有種種形態差別，我在前章已經指出，中國風土區別於西歐及日本的最大特點，在於自然空間中由塵埃與雲霧所形成的朦朧混沌性。「氣」、老子的「道」、「天人合一」、「萬物一體」等中國傳統中的基本思想，其發生都與中國自然空間中的這種特異性——即朦朧性與混沌性有深刻聯繫。然而，中國的自然空間並非全都是一切地朦朧混沌，中國有雲霧飄浮的天空，有塵埃瀰漫的天空，無疑也有湛藍的天空。朦朧混沌只是中國自然空間的一般特徵，更具體地觀察，則可以將該自然空間劃分爲三個世界，即塵埃的世界、雲霧的世界、青天的世界。而在我看來，這三分的自然空間，恰與儒、道、佛三教相應耦合。換言之，儒、道、佛三教在這三種自然空間中分別有自己的思想建構基礎。雖然這是一種推測，但是很可能由此我們能探尋到中國歷史上儒、道、佛三教長期鼎立而難以動搖的原因。下面讓我們循此思路而具體考察。

儒教與塵埃世界

首先說明一下塵埃世界與雲霧世界。我所謂的塵埃世界是指地面塵埃瀰漫的自然空間，亦即指世俗人生活於其中的人間。這一世界雖然（被認爲）空氣不淨，但卻是可見的「顯」世界。至於雲霧世界，則是指被雲霧遮蔽的上空，那裏有仙人道士們所棲身的深山幽谷，空氣（被認爲）十分清淨，但是由於雲霧蔽障而難爲外部看見，屬於「隱」的世界。

儒家重視的是人倫關係，在多塵埃的地面世界中首先推出的是形式壯麗的「禮」，以及嚴格的道德規範。這大約是由於他們身處曖昧模糊的自然空間中，感到有必要將那些可見的、顯眼的、有形的，以及典範性的事物加以定位。儒家在人口稠密的城市空間中很有勢力，他們經常感受著地面塵世的混沌，因而從人倫和現世的立場出發，他們會力圖制定一套明確嚴格的思想法則。禮樂與道德、君子與小人這一類兩兩相對的範疇，就是基於某種安定感而制定的思想構造。《論語》中孔子將言與行、禮與仁、名與實、學與思、文與質、智者與仁者、行（入世）與藏（隱遁）等概念一一相對而提。這些概念不僅嚴整成對，而且受「中庸」原則的統馭。《禮記・中庸》中：「仲尼曰：君子中庸，小人反中庸。」《論語・雍也》：「中庸之為德也，其至矣乎。」「文質彬彬，然後君子。」這些都反映了對中庸之德的推崇。之所以如此，原因在於就混沌朦朧世界而言，兩兩相對和中庸的思想構造最具有安定感。

道教與雲霧世界

中國不僅有地面的塵埃世界，而且有與此不同的，在空中呈朦朧狀的雲霧世界。在這雲霧世界中展翅翱翔的是道教。

將自身所處的自然空間劃分爲塵埃與雲霧兩個世界，這種思想起源於儒道兩家相爭之際。道家的隱士等稱現實世界爲塵埃世界（塵世），期望超脫這個塵埃世界，而對執著於現實世界的儒家常嘲笑貶斥。例如：

> 安能以皎皎之白，而蒙世俗之塵埃乎？（《楚辭・漁父》）
>
> 超氛埃而淑尤兮，終不反其故都。（《楚辭・遠遊》）
>
> 務光自投於深淵兮，不獲世之塵垢。（《楚辭・哀時命》）
>
> 聖人不從事於務，不就利……而游乎塵垢之外。（《莊子・齊物論》）
>
> 芒然彷徨乎塵垢之外，逍遙乎無事之業。（《莊子・大宗師》）
>
> 蟬蛻於濁穢以浮游塵埃之外，不獲世之滋垢。（《史記・屈原傳》）
>
> 芒然仿佯於塵埃之外。（《淮南子・俶真訓》）

但是，早期的中國人對塵埃的厭嫌感並不十分强烈，只是到佛教傳入以後，漢語將梵語中的 kleśa（煩惱）、artha（境界、對象）等詞譯爲「塵」後，才開始變得厭惡。這些梵語中原來並沒有「塵」(dust)的意思，漢語用「塵」來譯它們，「塵埃」也就完全成爲否定意義上的詞了。例如「塵緣」、「塵境」、「塵網」、「塵欲」、「塵勞」、「塵妄」、「塵俗」、「塵心」、「塵念」、「塵事」、「塵寰」、「塵世」、「塵土」、「塵務」等，在一般的漢和辭典中都有，而它們都有某種程度的貶意。這些詞很可能都是反儒家的人物爲表達對俗世的厭棄之心而創造出的，其中大部分無疑產生於六朝時代佛教普及以後。

從道家或佛家的立場看，儒家的學說以世俗人間社會爲對象，因而其基礎也就理所當然地是塵界或塵土。儒家自己並不認爲其學說的基礎是塵俗世界，但是從超脫於塵世的人的眼光看，不能不認爲佛、老之徒對儒家的看法是有道理的。儒家也有「天」、「天命」之類觀念，但其思想本身畢竟以現實人世爲中心。如果說儒家占有了多有塵埃的地面與都市空間，並在那裏構築了自己思想的基盤，那麼道教與佛教就必須在此以外的世界中去尋求確立自己思想的基礎。

因此，道教所尋求的正是與儒家塵世（人間社會）相對立的天空世界，亦即雲霧縹緲遮罩的世界，在這別一世界中，道家發現了自己思想所可憑依與翱翔的天地。道家的莊子曾被儒家的荀子批評爲「蔽於天而不知人」（《荀子・解蔽》）。只要是想在空間而非人世尋找自己的思想寄託，那麼這種「蔽於天」的傾向就是必然的。在以後的道教中，這種傾向更爲明顯强烈，例如作爲道教中樞思想的神仙觀念，便與雲霧有著密不可分的聯繫。可以並不過分地說，没有中國的雲霧世界，也就不會產生道教。

佛教與青天世界

儒教與道教是中國本土固有的兩種思想，它們很早就各自占有了相應的自然空間。那麼從印度姗姗來遲的佛教如何尋求自己的思想空間呢？幸運的是，中國空中尚留有另一種恰好適合佛教的空間，這就是日光燦燦而照、月光皓皓而映、毫無雲遮霧障的青空。佛教中常常以燦爛的太陽和皎潔的月亮來比喻佛，並且對充滿光明的清淨虛空無比崇拜，據此可以推測，自然空間中這種既無塵埃、亦無雲霧的青空，正是佛教思想所求之不得的領域。這兩者間的相互關係，我將在「佛教思想與青天世界」（本章後面）一節中詳述。這裏只是指出，作爲外來思想的佛教之所以能與儒、道兩教鼎立爲三，即使是僅就中國自然空間的三個層面看，也是十分合宜的。

自然空間中的三教分棲

根據以上所述，可以將中國儒、道、佛三教的思想分別劃歸納入三種自然空間，它們構

成了鼎立分居之勢。（見後頁圖示）

或許這樣的劃分會被認爲有失牽强附會，但是就這些思想所通常暗示的具體意味而言，以及從它最初的形成基礎看，這三教分居於三種不同空間，並具有各自相應的行爲模式，卻絕非無稽之談。無疑，正是由於這三教各有自己的相應思想基盤，它們才能夠各自在長期的歷史中持續地起著支配引導作用。

但是到了後來，這三教在各自的發展壯大中也相互影響吸收，它們之間的相互區別也隨之不那麼截然判分。例如儒教中的「天」觀念，最初僅僅是指對天的樸素信賴，而在宋代以後的新儒家中，卻被賦予了萬物之本、宇宙之源的意義。道教起初景仰企求的是雲霧繚繞的天界，而後來卻漸漸趨向於所謂「三清天」、「三十六洞天」之類的清淨世界。此後，佛教中與禪宗一起盛行起來的淨土宗推崇「極樂淨土」的境界，而這種境界類乎道教所謂「紫府安樂之鄉」的仙境。由此看來，即使是這三教所居的空中世界，也是相互混融交合，而不能截然劃分。然而，從總體上講，下圖的劃分還是反映了這三教的各自特點和相對獨立性。下面，我將循此進一步考察與雲霧世界關係最密的《莊子》思想、神仙思想、隱遁思想，以及與青天世界關係最密的佛教思想。

儒、道、佛三教分居的自然空間

塵埃世界	雲霧世界	青天世界
儒教	道教	佛教
入世	遁世	出世
秩序明白	渾沌朦朧	清淨光明
分別理智	愚鈍委順	潑辣覺醒
有	無	空
氣(△)	氣(○)	氣(×)
睡眠酒醉(△)	睡眠酒醉(○)	睡眠酒醉(×)
靜坐	坐忘	坐禪

一、《莊子》思想與雲霧世界

《老子》與《莊子》的思想差異

莊子與老子並爲道家，而莊子思想是由老子思想繼承發展而來，因此莊子也與老子一樣，將天地未分時的混沌元氣稱爲「道」。《莊子》中有許多與此相關的用語，諸如「滑疑之耀」（〈齊物論〉）、「天府之葆光」（〈齊物論〉）、「混沌」（〈應帝王〉）、「混芒」（〈繕性〉）、「混冥」（〈天地〉）、「涬溟」（〈在宥〉）、「太沖」（〈應帝王〉）、「窈窈冥冥」（〈在宥〉）、「芴漠」（〈天下〉）、「昏昏默默」（〈在宥〉）、「芴芒」（〈至樂〉）等，這些詞彙所指的都是混沌不定、深遠難測的道（元氣）的世界。

由此看來，《莊子》與《老子》同樣，對混沌世界作過許多論說。爲什麼我在此要强調兩者間的差異呢？原因在於，儘管兩者有相同之處，但是《莊子》思想從全體上看，未必能說它所賴以構築的基盤與《老子》一樣爲朦朧世界。《莊子》中除了由莊子自己所作的〈內篇〉七篇外，另有〈外篇〉、〈雜篇〉，合計達三十三篇之多。不僅在篇幅上遠比《老子》多，而且其思想內容也紛紜不一。總的說來，《莊子》所言的「道」比老子的更爲抽象和概念化，其思想本身也較少朦朧性。因此可以說，《莊子》並不像《老子》那樣沈浸於渾沌世界（道）中作玄思默想，而更傾向於將這種萬物之源的「道」視爲理想世界，並樂於在那個世界中展翅作精神遨遊。

例如《老子》第四十七章中說：「不出戶，知天下。不窺牖，見天道。」同書第二十章又說：「眾人熙熙，如享太牢，如春登臺。我獨泊兮其未兆，如嬰兒之未孩。」這話給人以隱潛於巖穴而靜觀外部世界的感覺。而莊子卻恰如他所描寫的高空中的大鵬那樣，自由無羈地飛翔，並俯視著地上的世界。從這種差別中，似乎可以見出兩者把握空間的方法有所不同。具體而言，對老子而言，空間是混然一體的，雲霧與塵埃之間並沒有區分。而對莊子來說，雲霧世界與塵埃世界卻是相分的，前者爲他肯定，後者則被否定，莊子似乎企望並努力向更美好的雲霧世界作精神遨遊。這並不意味著《莊子》中沒有《老子》那樣的混沌世界，而只是表明，這種混沌世界在那裏是分離的，莊子的飛翔與浮游意味的是其思想與雲霧世界關係更密切。

從塵埃世界超脫

中國大陸的自然空間中塵埃較多，而塵埃對人的生活有害無益，因此如前所說，對塵埃的厭棄心理在中國歷史上很早就產生。《莊子》中也不乏貶斥骯髒的塵埃世界的話。例如〈齊物論〉中：「聖人不從事於務，不就利，不違害……而遊乎塵垢之外。」〈大宗師〉與〈達生〉中分別有：「茫然彷徨乎塵垢之外，逍遙乎無為之業。」莊子這種看法的產生是對在現實塵世社會中不忌骯髒而汲汲追求的儒家人生觀的反撥，它鮮明地反映了一種超脫世俗、人間和地面，向廣闊天界自由飛翔的强烈志向。

這種超脫志向還反映在《莊子》中頻繁出現的「天」與「人」並舉而對立的論述中，而這在《老子》中是沒有的。《老子》中常講的是「俗人（衆人）」與「我」、「俗人」與「聖人」之類的對比關係，《莊子》則以「天」與「人」的對立來把握人。這類例子不勝枚舉：

與人和者，謂之人樂。與天和者，謂之天樂。（〈天道〉）

無受天損易，無受人益難。（〈山木〉）

聖人工乎天而拙乎人。（〈庚桑楚〉）

聖人法天貴真，不拘於俗。愚者反此，不能法天，而恤於人。(〈漁父〉)

與天為徒……與人為徒。(〈人間世〉、〈大宗師〉)

知天之所為……知人之所為。(〈大宗師〉)

畸人者，畸於人而侔於天。故曰：天之小人，人之君子。(〈大宗師〉)

何謂道？有天道，有人道，無為而尊者，天道也，有為而累者，人道也……天道與人道也，相去遠矣。(〈在宥〉)

莊子這些論述中的「天」顯然不是指太空，而是指具有形而上意義、作爲宇宙起源的天，亦即大自然(道、渾沌、無等)。「天」、「人」相對的有關論述，其內容也基本上是主張順隨自然、放棄人爲努力。但是，由於他以「天」爲志向，因而也就自然地會憧憬「天」字本義所指的天空，並希望在那裏展翅作思想遨遊❶。

❶《莊子》中用及大量與「天」字相組合的詞彙。例如「天人」、「天遊」、「天道」、「天運」、「天幸」、「天怨」、「天樂」、「天籟」、「天光」、「天府」、「天民」、「天氣」、「天年」、「天放」、「天和」、「天池」、「天弢」、「天行」、「天德」、「天機」、「天根」、「天均」、「天性」、「天理」、「天門」、「天時」、「天倫」、「天倪」、「天網」、「天王」、「天師」、「天樞」、「天鬻」、「玄天」、「遁天」等等。僅從此看，便可見莊子對「天」的謳歌嚮往是何等熱烈。

《莊子》與「氣」

《莊子》與《老子》區別的另一個顯著特點是大量用及「氣」，《老子》中則幾乎不用「氣」字。《老子》思想的基礎是「道」，「道」的混沌恍惚猶如一幅形象的自然空間圖，完全可以說，它指的也就是宇宙中的元氣。但是十分奇特的卻是，《老子》中除了「沖氣以爲和」（四十二章）外，其他各章都未言及「氣」字。

而在《莊子》中，「氣」字卻出現有三十九例之多。其中有不少指自然之氣，如「陰陽之氣」、「天地之一氣」、「氣母」、「天氣」、「六氣」、「雲氣」、「地氣」、「四時之氣」、「春氣」、「陽氣」、「强陽之氣」（天地之氣）、「純氣」等。這些「氣」中的「氣母」、「天地之氣」之類與有根源意味的「元氣」同具形而上學的意義，但是像「乘雲氣」、「御六氣之弁（變）」（「六氣」指天地春夏秋冬之氣，又指陰陽風雨晦明之氣）中的「氣」，則是指空中瀰漫的大氣及雲霧了。從這一點可見，莊子爲闡說其「氣」的哲學，自然中的雲霧之氣也是不可忽視的一個方面。《莊子》一書表現的是與儒家人間＝地表＝塵埃世界的脫離，轉向廣大無際空間的遨遊。其思想也不斷向空中的雲霧世界飄去。

雲氣與至人

《莊子》中的雲氣、雲霧之類，其意義雖然不及後世道教中的那麼重要，但是與不言雲氣的《老子》相比，其間的差別卻十分明顯。《莊子》中的雲氣大體可劃歸爲二類。其一是與他所描繪的理想人即至人（真人、神人）相伴而出現的雲氣。如：

藐姑射之山有神人居焉，肌膚若冰雪，淖約若處子……乘雲氣，御飛龍，而遊乎四海之外。（〈逍遙遊〉）

至人神矣……乘雲氣，騎日月，而遊乎四海之外。（〈齊物論〉）

黃帝得之，以登雲天。（〈大宗師〉）

夫聖人……天下無道，則修德就閑，千歲厭世，去而上遷，乘彼白雲，至於帝鄉。（〈天地〉）

由此可見，至人（神人、真人）是非凡的超越者，他們在向絕對自由世界飛翔之際，所憑藉的是白雲或雲氣。這種思想在以後的神仙思想和道教中進一步强化，而《莊子》則反映出該思想的原型。〈天運〉篇中又有如下一段記載：

> 孔子見老聃……孔子曰：吾乃今於是乎見龍。龍合而成體，散而成章，乘雲氣而養乎陰陽。

《論語》中孔子曾被喻爲鳳凰（「鳳兮鳳兮，何德之衰」，〈微子〉章），而這裡則老子被喻爲龍，有人認爲後世有關老子爲龍的傳說是由此起源。在這裡，老子的形象是乘雲氣而遨遊於混沌世界的龍。後代又把老子視爲仙人，並有紫氣東來等種種傳說，而這一切都無不與雲氣有關聯。

雲氣與至道

《莊子》中的雲氣還具有指大自然造化力（「氣」與「道」的具體表現）之意。如：

> 彼方且與造物者為人，而遊乎天地之一氣。（〈大宗師〉）
>
> 若夫乘天地之正，而御六氣之辯，以遊無窮者，彼且惡乎待哉？（〈逍遙遊〉）

> 孰能相與於無相與，相為於無相為。孰能登天遊霧，撓挑無極，相忘以生，無所終窮。（〈大宗師〉）

《莊子》中的雲氣是包籠一切的混沌（道）之體現，混沌則是萬物之府（天府），它具有吸收與再生萬物的能力。這恰如今天也有人相信大地能有分解所有生物遺骸，並使之再生的力量一樣，古代人也相信，人死後化歸爲大氣，然後又轉生成其他存在物。從「氣母」這一詞中也可看出，氣是一切生命的根源、萬物生成之母。「雲氣」則是這種氣（道、混沌）的具體表現。《太平御覽．卷八》中道：「雲者，天地之本。」（又見《北堂書抄．卷一五》）因而對於憧憬氣的人來說，遊心於雲氣，乃至樂於置身於其中也是很自然的事。

著名漢學者白川靜曾指出：

> 雲字與蘊、運聲近，根據漢字聲訓原理，它有包孕、運轉之意，它具有的是一種動的性格。在古音中，靄、曀、陰、曖等字韻母皆屬影部，它們與韻母屬喻部的雲字韻紐相近，並且在字意上都有某種被籠罩瀰漫而顯得鬱陰的色彩。而日語中的雲字則具有某種鎖閉或變幻無常之意，從中也可以看出日本人的自然觀與中國人不同。（《字訓》）

（〈雲〉部）

確實，觀看中國空間中的雲，總會不由自主地感到某種磅礡的造化力，從而使人想到自然雲氣。

《莊子》中的〈在宥〉篇有一則寓言，其中記錄了「雲將」與「鴻蒙」兩位人物關於雲氣的交談。因所涉篇幅過長，這裏轉述其大意：

天子雲將，一次他到東方雲遊。在一棵闊葉蔽天的神木上方，幸遇象徵宇宙起源之道（元氣）的鴻蒙（混沌之意）。鴻蒙其時正以手拍擊自己的股部，小步跳躍遊樂而行。雲將知其非尋常者，便上前詢問治國安民的方法。但鴻蒙卻一味地說自己不懂。

三年以後，雲將再次到東方遊，在一個名為有宋的地方又見到鴻蒙，於是興奮之際，再次向鴻蒙請教。鴻蒙回答：「像浮游之氣那樣自適而不知所往，自得而不知所求，這樣才能去除虛妄。」雲將繼續問：「我也嚮往過這種隨心所適的自由快樂生活，但是人民卻總是追隨著我。我不得不治理他們。請教如何是好。」

鴻蒙於是回答說：「鬆弛你的心神，置身於無為自然的境界，讓萬物自生自化。

擺脫肉體的束縛，棄絕聰明心智，讓自己與自然元氣融合一體。這樣，萬物就會各歸其根源。復歸自然，身心就不會逆道而行。萬物本來是自生自長，治理天下的期望其實也是違背自然之道的。」雲將聽了這番教誨後，深深感嘆，向鴻蒙敬拜而別。

在這則寓言的問答中，「雲將」象徵的是空中浮游的雲氣，而「鴻蒙」則代表宇宙根源的「道」（即元氣、混沌）。雖然雲將的地位比鴻蒙低，但他也絕非尋常人物，而是企望通過向鴻蒙求教而達「道」的帝王。最後他終於也悟出了最好的統治方法當是怎樣的道理。從這則寓言中可見，《莊子》中的「雲氣」乃是作爲宇宙根源的「元氣」的具體表現，它的重要性次於「至道」，但卻起著引導人們感悟「至道」（即混沌自然）的作用。

二、神仙思想與雲霧世界

仙人

神仙觀念被認爲是道教的起源，也是道教的核心思想。它在中國文化傳統中占有極重要地位。《神仙傳・彭祖》中寫道：

> 仙人者，或竦身入雲，無翅而飛；或駕龍乘雲，上造天階；或化為鳥獸，遊浮青雲；或潛行江海，翱翔名山；或食元氣，或茹芝草；或出入人間，而人不識；或隱其身而莫之見。面生異骨，體有奇毛，率好深僻，不交俗流。

從這段描繪中可見，仙人的特徵是半神半人、有神秘超凡能力。成爲這樣的仙人而遨遊世外仙境，這幾乎是古代中國世世代代的願望。正因此，許多人爲此而潛心修行以求仙術。如《淮南子・齊俗訓》中有載：

> 王喬赤松子，吹嘔呼吸，吐故納新，遺形去智，抱素反真，以遊玄眇，上通雲天。今欲學其道，不得其養氣處神，而仿其一吐一吸，時詘時伸，其不能乘雲升假，亦明矣。

神仙說的起源

這種性質的神仙說究竟起源於何時呢？大致而言，當是在戰國末期，亦即公元前四～前三世紀。據司馬遷《史記》中的〈封禪書〉，最早提出神仙思想的，大約是以山東半島爲中心的燕齊一帶的方士們。戰國時代齊國臨海一帶曾有祭名山的八神信仰。在掌管祭祀儀式的方士中，產生了這樣一種說法，即認爲海上蓬萊、方丈、瀛州這三座神山中住著長生不老的仙人。據說這些神山只是渤海灣上雲氣中的海市蜃樓，迄今該地區仍有令人幻想不已的那種雲霧縹緲景象。（參見《中國思想辭典》，日原利國編，研文出版社，一九八四年）

如所周知，山東省登州的沿海地區時可看到海市蜃樓的景象。《聊齋志異》（卷六，山市）和《池北偶談》（卷二六，山市）中也記載有甚至山東半島的山區中也會出現海市蜃樓。這種特異的自然景象必然會給仙境觀念的形成產生某種影響。現代有的學者認爲中國神仙思想的發源地並不僅僅限於山東半島。無論如何，可以確信的是這種思想的起源是很古遠的。根據《莊子》的〈大宗師〉篇、《史記》的〈封禪書〉所言，可以認爲中國傳說中最早的帝王即黃帝已經是得神仙之道的仙人，據說黃帝能夠在雲霧繚繞的天空中升翔遨遊❷。這種神仙觀念後來發展成爲道教思想的骨骼，對後世歷代中國社會的精神與信仰生活產生了深遠影響。

---

❷ 黃帝與雲關係密切，受天命之時有奇瑞之雲，其統屬之官，各有雲名：春官青雲，夏官縉雲，秋官白雲，冬官黑雲，中官黃雲。黃帝成爲道教之神以後，與雲的關係益發密切。

仙人與雲霧

這種神仙思想在中國是如何產生的呢?它又何以能夠在後世如此廣泛而持續地流行?我以爲無論如何,這一切都不能不說與多雲漫霧的自然風土特點有關。

在闡釋這種關係之前,我想首先具體說明一下中國古代有關典籍中神仙與雲霧的一些關係形態。

㈠仙人常居住雲中,如:

1.「棲雲」、「棲霞」、「棲息煙霞」、「巢雲」、「臥雲」、「眠雲」等。

2.「雲房」、「雲宅」等。

3.「雲中君」、「雲仙」等。

4.「白雲卿」、「白雲觀」、「九雲」、「九重」、「霞洞」、「五雲之衢」等。

㈡仙人常翔雲升天,如:

1.「淩雲」、「乘紫雲」、「升霞」、「雲遊」、「御雲氣」等。

2.「煙車」、「煙駕」、「雲車」等。

㈢仙人常以雲爲衣,如:

1.「雲衣」、「霞衣」、「玉女披衣」等。

2.唐代詩人王周（生卒年不詳）曾作以「霞」為題的詩：「拂拂生殘暉，層層如裂緋。天風剪成片，疑作仙人衣。」（《全唐詩．卷七六五》）

㈣仙人常以食雲飲霞維生，如：

1.「餌霞」、「吞霞」、「餐霞」、「咽氣」、「噏氣」、「服六氣」、「食氣」、「以雲霧為漿」、「吐吸煙霞」、「吞雲吐霧」等。

2.《楚辭．遠遊》中：「飡六氣兮飲沆瀣，漱正陽而含朝霞。」《拾遺記》中：「炎帝時，有流雲灑液，是謂霞漿，服之得道，後天而老。」梁代陶弘景《真誥》中曾言及道人張微子的「服霧之法」。

㈤仙人有作雲起霧之術，如：

1.「五里霧」與「霧市」之說——後漢的張楷，生而好道術，常作五里霧。他隱居弘農山中時，因很多學者從他學此法術而門庭若市，由此有霧市之稱。（參見《後漢書．張楷傳》）

2.「十二里霧」之說——《元史．董搏霄傳》：「賊中有道士，能作十二里霧。搏霄以兵擊之，已而妖霧開豁。」

3.漢代淮南王劉安所招仙客（「八公」）中，有「能坐致風雨，立起雲霧者。」（《神仙傳・卷四・劉安》）又東海人黃公，能「立興雲霧，坐成山河」。（《西京雜記》）這類典故記載很多。此外，還有「霧遁」、「雲遁」這類與道教隱身術相關的詞語。

㈥與仙人相關的詞語，如：

1.有關神仙思想的：「九雲」、「九光霞」、「五色雲」、「五色煙」、「五色霧」、「五色霞」、「五色之氣」（指青、白、赤、黑、黃五色具備的雲）等，都被尊視爲吉瑞之雲。「紅霞」、「碧霞」等彩色雲也與神仙思想有關。又紫、白、黃的雲被尊稱爲「三素雲」。

2.指謂仙人的：有「煙客」、「雲水」、「霞人」等名稱。

3.與仙人道士食物相關的（仙藥）：「雲子」（雲母粉）、「雲英」、「雲精」、「雲華」、「雲珠」、「雲沙」、「雲漿」、「雲膾」、「雲腴」、「流霞」等。

4.其他：「雲槎」、「雲梯」、「雲笈」、「雲書」、「金霧」、「霞佩」、「雲璈」、「霞觴」、「九霄雲」、「九天雲」等，這些詞語也都與仙人道士有關。

由上可見，雲煙霧霞等都與道家的神仙思想有種種關係。從字義上看，仙人早先曾寫爲

「僊」或「僊人」，「僊」字本義是輕而上飄，《説文解字》釋爲「高升也」，可見它曾經是指登仙的動詞。因此，「仙（僊）人」一詞，從字義上便可知是指能在天上飄翔漫遊的人，而這種人與天上的雲霞有種種關係當是十分自然的。

仙人與升天

仙人與雲霞的關係已如上述。這裏再進一步談一下仙人們的死，亦即所謂的升天，這也是仙人最富戲劇性的一幕。許多仙人在告別現實世界之際，都有某種「奇跡」相伴。例如《神仙傳．卷三》中關於河上公的故事：

> 河上公乃授《素書》二卷，與帝（漢文帝）曰：「熟研之此經，所疑皆了。不事多言也。余注此經以來，一千七百餘年。已傳三人，連子四矣。勿以示非其人。」言畢，失其所在。須臾雲霧晦冥，天地泯合。

又同書卷八關於沈義的故事中記載：

升天之時，道間鉏耘，人皆共見，不知何等，斯須大霧，霧解失其所在。

劉安的升仙（明朝版《列仙全傳》的插圖）

雖然仙人道士們的升天場景並非都是如此，但是在他們的身姿從現實世界中消失之際，卻通常被描寫爲雲起霧障。這當是因爲中國自然空間雲霧較多的緣故，它使人的身影有可能突然隱而不見。倘若沒有雲霧的話，仙人道士們的幻術恐怕會大打折扣。不僅如此，在人的視野中，雲霧是不斷運動、時時變化的。它刺激人們的想像力，使人總覺得在雲霧背後隱藏著某種不尋常的神秘之物。「仙家更在空青外，只許人間禮白雲」（元・虞集〈青山白雲圖〉）、「五雲隔斷塵凡路，說著人間總不知」（明・劉基〈仙人詞〉），這些詩章都說明，在中國人的心目中存在著一個被雲霧煙霞隔掩的、與現實世界不同的天上世界，正因此，類似仙人般的神秘超人故事，才會長期流傳並富有吸引人的魅力。

孕育神仙思想的風土環境

但是，我並不認爲雲霧在中國是產生神仙思想的唯一條件。假如是在平原，即便有雲霧瀰漫飄游，恐怕也未必會導致神仙思想。這種思想的產生畢竟還有其他一些相關的地理環境條件：例如像《老子》中所言「天下之谿」、「曠兮其若谷」的深山幽谷，像「漁翁釣江圖」中所繪的浩渺江湖大川，這些與仙人隱棲生活十分相宜的特殊自然環境，也都是使神仙思想得以興起與流行的條件（有一種說法認爲華北的山嶽崇拜與神仙觀念的產生有關）。然而從另一方面言，即便是有這樣一些自然環境，而倘若沒有雲霧的話，情況將會怎樣呢？只要聯想一下尼羅河與美國的大峽谷(Grand Canyon)便不難判斷，如果沒有雲霧世界的存在，中國的神仙思想是不可能盛行的。

一般地說，中國的山巒不僅豪宕奇拔，而且時常是雲霧繚繞，呈現出幽玄超俗的景象。旅行家森本哲郎在登上廬山的五老峯時曾說過這樣一番感受：

> 除了腳下的岩石外，一切都在霧中。我站在這茫茫雲霧中，既感到驚愕，又覺得一切似乎都那麼和祥。就像到了尼泊爾的 Dhulikhel 山一樣……但是與那裏相比，這

> 裏更使人感到意趣深幽。我的身旁白雲舒捲，正靜靜地游移不止。漸漸地，我感到自己就像雲中的仙人一樣。腦海中不斷浮現出少年時代所讀仙人故事中的插圖，並且眼前彷彿出現了一位童顏鶴髮的老人，他手執長杖，在咫尺難辨的雲霧中顯得隱隱約約。（《中國幻想行》，角川選書，一九八三年）

假如作者是在沒有雲霧的山野中旅行的話，他就不太可能有這番關於仙人的神秘想像。

任何民族都有過關於超現實神人或精靈的幻想，但是這些幻想卻會因各自的自然風土特點而各有不同。例如在西歐有「妖精」的傳說，fairy, elf, nymph 等詞都指仙女一類，而她們都是現實生活中不存在的幻想形象。弗洛里斯・德拉特爾所著、井村君江翻譯的《妖精世界》（研究社出版，一九七七年）第一章中寫道：

> 妖精的傳說存在於歐洲各國，但是它的具體形象卻因各國國民性的不同而各異。例如在古希臘，神秘的精靈都緣自於自然的各個方面，它們的名稱也與自然現象各各相應，並且大都以倩女的形象出現。例如俄西阿那斯、尼麗德、尼婭德都分別是代表地中海、泉、川等與水相關的精靈，奧里阿德斯是代表山與洞穴的精靈，阿爾塞德斯、

烏列奧洛、阿洛尼亞德斯等都與森林有關，德里阿狄斯、赫馬德里阿狄斯則都是樹神。所有這些精靈都是半人半神的少女(nymph)，她們年輕優雅，崇拜她們的人們認為，只要奉獻山羊、奶酪、食油等供品，就會博得這些精靈的青睞。與此相反，在北歐一些國家，由於人們常有生活於昏暗中的感覺，因而所想像的精靈多半是陰鷙可怕的。

由此可見，同樣是對精靈的崇拜，也因各國風土及民族性的不同而有很大差別。歐洲的精靈們大都是女性，而從《列仙傳》、《神仙傳》等典籍看，中國古代著名的仙人則大都是男性。雖然中國也有「仙女」、「仙姑」等，並且在後世逐漸增多，但是相比之下，男性仙人在數量上明顯較多。這大約也表明，南歐澄淨優美的自然較適宜女性精靈，而中國荒漠混沌的風土則更適宜男性仙人。

近代歐洲隨著工業化的發展，人們對山林河川逐漸加以改造開發，古代精靈們賴以產生與存在的自然條件因此而日益式微，精靈已經只是往昔的傳說，她們的活動天地已轉限於小說童話之類的民間文學作品。但是在中國的自然空間中，卻仍被塵埃與雲霧兩分天下。換言之，產生神仙觀念的風土基礎依然存在。與科學文明的尚未發達相關，中國的神仙世界

（「白雲鄉」、「白雲穴」之類）依然憑恃雲霧的神秘屏障而未被動搖，它使得仙人們仍然可以在這一世界中任意遨遊。正因此，直到十九世紀末，各種荒唐無稽的神仙怪談依然在社會廣泛流行，並被深信不疑。

不適宜道教生存的日本風土

日本雖然很早便開始熱心地學習與引進中國文化，但是道教卻沒有真正被日本人接受。說日本文化毫無道教影響的痕跡也許是過分的。最近福永光司、中村璋八等日本學者曾對這方面的問題作了專門研究，證明日本文化確實受過道教文化的影響。但是日本歷史上未曾有道士，道觀（道教寺院）和道術等也未曾有過。可以說，道教在日本遠沒有形成像佛教那樣的宗教。許多人認爲，這是因爲日本自然比中國狹小，並且日本人性格勤勉，難以接受提倡無爲不爭的道教思想。這些說法確實不無道理，但是在我看來，原因卻並不僅僅如此。最根本的原因在於，日本缺乏足以形成道教世界的風土條件。特別是，道教思想基礎所要求的朦朧混沌的自然空間（大氣），以及可由道士與仙人們自在出沒棲隱的、被雲霧繚繞鎖閉的世界，這些條件都爲日本所缺乏。正因此，無論如何努力吸收引進道教思想，道教也無法真正在日本社會扎根形成。

三、隱遁思想與雲霧世界

隱者的種類

隱遁思想也是中國文化的重要內容之一。許多國家都有過隱者以及隱遁思想，但是卻從未像中國那樣對隱遁生活如此推崇期望。如果說，傳說中堯舜時代的許由與巢父的隱士故事是可信的話，那麼可以說，中國的士大夫們，自文明起源時，便已經有對隱遁生活的憧憬與追求。

隱者究竟是怎樣一種人呢？要確切概括定義他們並非容易。在日本，隱遁的人一般被稱呼爲「隱者」，而在漢語中則被稱爲「隱士」。這種稱名上的差異表明，中國的隱遁者一般都是士大夫階層以上的人，因而「隱士」之稱才會比「隱者」更爲愜切易懂。

根據蔣星煜《中國隱士與中國文化》中的分類，隱士大致有如下幾種：

隱士
- 逸士……阮籍、嵇康、劉伶、陶潛等
- 修士
  - 僧道……鳩摩羅什、玄奘大師等
  - 準僧道……郭璞、郭弘、陶弘景、林逋等

蔣星煜將中國的隱士劃分爲僧侶式的職業隱士、道人式的半職業隱士、以及文人逸士式的隱士三大類。這是最粗線條的分類。明代的錢一本（一五三九～一六一〇）曾作過更細的九類劃分，即「神隱」、「真隱」、「儒隱」、「節隱」、「俠隱」、「哲隱」、「達隱」、「高隱」、「別隱」。錢一本還按此九類劃分，將自上古以來的歷代隱士之傳記一一集錄，編成十四卷本的《遁世編》。其中顏回（前五二一？～前四八一？）、曾參（前五〇五～前四三六）等儒家人物被歸爲「儒隱」，阮籍（二一〇～二六三）、嵇康（二二三～二六二）、楊維禎（一二九六～一三七〇）、吾衍（？～一三一一）等文人被歸爲「達隱」。此外還有其他多種分類。總之，隱士的分類，因時代與人而異，也因隱遁的方式不同而異。

逃避政治

不過我們不必過於追究隱士的分類，無論如何，自古以來的中國知識階層都有很强的隱

遁願望。在士大夫們的精神世界中，隱遁意識與儒家的經世、入世或兼濟天下的意識幾乎並列而各占其半。那麼，爲什麼中國的士大夫們如此嚮往隱遁？何以其中有那麼多人成爲隱士呢？

對此的通常解釋是，這主要是因爲中國政治極其嚴酷，許多人出於逃避政治的動機才走入隱遁一路的。確實，中國的隱士們與其他國家的隱者不同，他們很少是因爲厭世、不好交往、以及對生命的無常感而過隱居生活的，從根本上講，極大多數人的隱遁多少都帶有某種政治的瓜葛。他們對政治或抵抗、或迴避、或觀望，雖動機各不盡同，卻無不屬於因政治而隱之類。

中國人一方面是現實而追求實利的民族，很多士大夫們因而都熱切於政治仕途，期望在仕途中實現自己的雄心；另一方面，中國的現實又常常嚴酷無情，在政治舞臺中常有種種不測的危難坎坷，因而避世隱遁的思想也就會對士大夫們具有特別的吸引力。

在雲霧世界中祈求安息

那麼，中國士大夫們對政治如此熱切而又常欲逃避的矛盾心態，是否就没有其他方面的原因了呢？我以爲歸根結底這與入世之儒教與避世之道教各自的思想土壤有關，而這種土壤的最主要條件乃是塵埃世界與雲霧世界的風土特性。倘若沒有相應的隱遁場所，即使士大夫們渴望從嚴酷的現實政治生活中抽身逃避，他們的身心也難得安息。何況中國並沒有西歐人那種對神的信仰。

但是幸運的是，中國的自然空間恰好有著適宜逃避的場所，這也就是雲霧繚繞的世界。在雲霧中，人的生活隱而不見，與現實世界兩兩隔絕，身心因此而得以安然無擾。陸游〈鷓鴣天〉詞中有云：「家住蒼煙落照間，絲毫塵事不相關。」可稱是這一世界的寫照。因而我認爲，中國古代隱遁思想盛行的最主要原因，當在於這種與隱遁生活相宜的自然風土條件。否則，倘若中國的風土自然像蒙古那樣是一片茫茫草原的話，無論政治壓迫如何冷酷，恐怕也很難產生隱遁思想。

隱士與雲霧的關係

如同仙人與雲霧的關係一樣，有關隱士與雲霧關係的資料記載也爲數頗多。例如《易經・乾・文言》中：「天地閉而賢人隱。」其中的「賢人」指的就是隱居的士大夫（六朝有「竹林七賢」之稱的隱士）。這句話的意思是，在天地之氣閉塞時，賢明之士便會隱遁而不現於世。這種思路顯然與中國自然環境中雲霧時開時障的特點有關。漢代的文人京房（前一世紀）所作《易飛候》（《太平御覽・卷八・天部中》引）中有道：「視四方，常有大雲，五色具，其下賢人隱。」這也表明隱士們所擇的棲身處通常是雲霧遮障的地方。此類例子很多，其中最能說明隱士與雲霧間密不可分之關係的是所謂「白雲」一詞。該詞常常被作爲隱士與隱遁生活的象徵而使用。

隱士與白雲

所謂「白雲」指的是白色的雲或霧之類。它與隱士（以及神仙人物）的關係似乎由來很久。《莊子・天地》：「彼乘白雲，至帝鄉。」據傳漢武帝曾期望過「白雲鄉」中的仙界生活（漢代伶玄《飛燕外傳》）。此外《穆天子傳・卷三》（亦見於《藝文類聚・卷四三》）中記載，周穆王在崑崙山與西王母宴飲時，西王母曾詠有一首〈白雲謠〉。該〈白雲謠〉被學者認爲是後世的僞作，但是無論如何，到了六朝時代，「白雲」卻被公認爲神仙或隱士的象徵。例如《南齊書・褚伯玉傳》中載：「褚先生從白雲遊舊矣。」《北史・魏彭城王勰傳》：「勰清規懋賞，與白雲俱潔，厭榮捨紱，以松竹為心。」漢代以後，白色還被尊爲祥瑞之兆，道教的「三素雲」中白色也是其一（另爲紫、黃）。隨著道教與隱逸思想的流行，對「白雲」的特殊感覺也日益强化。到了六朝，白雲成爲隱士及隱遁世界的象徵。日本津坂孝綽《夜航詩話・卷二》中認爲，這種象徵性的「白雲」始於南齊道教隱士陶弘景的詩：「山中何所有，嶺上多白雲。只可自怡悅，不堪持寄君。」

迄至唐代，士大夫文人們對白雲的崇敬之情倍增，「白雲」作爲隱士與隱遁的代名詞也在詩文中益發頻繁使用。如詩人李白在送友人歸山之際，詠〈白雲歌〉贈別。曾經受到唐玄宗垂青的道士司馬承禎（六四七～七三五）不僅以「白雲」、「白雲子」爲號，且把辭官歸山隱棲時朝中友人的贈別詩文編集取名爲《白雲記》。據說他死的時候，天空有白雲車降下，庭院中也被大片白雲籠蓋，他的一生堪稱與白雲爲伴的一生。就詩歌而言，這類例子頗多。例如王維（六九九?～七六一）的〈送別〉詩中：

下馬飲君酒，問君何所之。
君言不得意，歸臥南山陲。
但去莫復問，白雲無盡時。

又中唐詩人賈島〈尋隱者不遇〉詩：

松下問童子，言師採藥去。
只在此山中，雲深不知處。

此外，唐詩中還有「山中白雲千萬重，卻望人間不知處」（陸暢〈送李山人歸山〉）、「北山白雲裡，隱者自怡悅」（孟浩然〈秋登蘭山寄張五〉）、「遠目靜隨孤鶴去，高情常共白雲閑」（韓琮〈潁亭〉）等句，這類例子不勝枚舉。

宋代以後，正如明詩人謝徽（十四世紀）〈臥雲室〉詩所詠「朝臥白雲東，暮臥白雲西，白雲長共我，此地結幽棲」那樣，對於厭棄紅塵世俗的隱士們，白雲成了選擇居所不可或缺的條件。《宋史‧隱逸傳》記載宋代隱士種放（十～十一世紀）：「隱終南（山）豹林谷東明峯，結草為廬，僅庇風雨……別為堂於峯頂，盡日望雲危坐。」

白雲還爲隱士們自在漫遊提供了不可多得的境界。宋代蘇東坡〈和文與可洋川園池、望雲樓〉詩詠道：「陰晴朝暮幾回新，已向虛空付此身。出本無心歸亦好，白雲還似望雲人。」佛教中也有以「雲駛日運，雲自水由」的話讚美天空中悠悠飄移的白雲，無論是對佛教（禪）、隱士抑或道士，白雲都堪稱理想心境的最佳象徵。

雲霧與隱遁思想的孕育

前面已曾指出，隱遁思想在中國士大夫的精神世界中與儒家的濟世思想可謂各占其半。中國到處有廣大的雲霧世界，這種風土環境爲人們逃避世俗名利糾葛提供了不可多得的場所。南齊謝朓（四六四～四九九）〈之宣城郡，出新林浦，向板橋〉詩中說：「囂塵自茲隔，賞心於此遇。雖無玄豹姿，終隱南山霧。」據《明史・隱逸傳》記載，元代的徐舫（一二九九～一三六六）曾「築室江皋，日苦吟於雲煙出沒間，翛然若與世隔，因自號滄江散人」。古代早期的隱士通常是隱棲山中，而中國的山巒一般是多石而少樹，倘若沒有雲霧遮障的話，就很難隱棲。隨著朝代推移，後來的隱士們逐漸以田園村野爲隱棲之所。但是平地的田園之於隱棲者絕不比山巒遜色，因爲中國的平地通常也是雲霧瀰漫，呈現出一片朦朧而富有幻想性的氛圍。宋代以後，一些隱士們爲了創造與世俗塵垢相隔的環境，在自己的居宅周圍種植具有象徵高潔意味的梅花，這種「梅花繞屋」的趣味在士大夫間頗爲流行。由此又可見，僅以此方法，也能夠自造一個與世相隔的另一番天地。

現代中國因人口過剩而到處熙熙攘攘，即使有心隱居也很難找到合適的場所。只能正如蘇東坡「惟有王城最堪隱，萬人如海一身藏」詩句所言那樣，在人海中韜光養晦。此外，古代的士大夫們之所以能夠過隱棲生活，在某種程度上是依賴於寬裕的生活條件，倘若必須爲謀生而汲汲以求的話，恐怕很難實現隱遁的夢。在這個意義上可以說，現代中國已經沒有古代那樣的「隱士」或「隱者」。但是倘若有一天，中國的人口不再那麼稠密，人們的物質生活也達到某種富裕程度的話，隱士的生活便很可能再度復興。因爲中國的環境較易養成人們個人主義的生活態度，並且又具有雲霧這種使人易於避世隱遁的風土條件。

四、佛教思想與青天世界

在本章開首部分我將中國的空間劃分爲與儒、道、佛三教相應的塵埃世界、雲霧世界、青天世界，並且已著重討論了莊子、神仙、隱遁這三種思想與雲霧世界的相關性。這裡我再就佛教思想與青天世界的關係作專門討論。

對光明世界的祈求

稍有佛經常識的人都知道，對光明世界的祈求是佛教的根本思想之一。《華嚴經》的開首曾描寫到佛在摩伽陀(Magadha)國道場覺悟時的情景，其中道：「智慧日光照除眾冥，悉能顯現諸佛國土，普放三世智海光明，照淨境界，無量光明充滿十方，不壞法雲遍覆一切，以力無畏，顯現無量力自在力光。」「佛身無邊如虛空，智光淨音亦如是，佛於諸法無障礙，猶如月光照一切。」該書第二章又有：「光明普照如雲興，眾妙莊嚴光圓滿，普照一切諸法界，示現諸佛深妙法。」，「佛身一切諸毛孔，普放光明不可議，映蔽一切日光明，遍照十方靡不周。」從這些描寫中可見，佛的智慧之光通過廣大的虛空世界而遍照三千大千世界的各個角落，佛的境界就是通體光明的境界。

不僅《華嚴經》如此，《大日經》、《金剛頂經》等佛經中的教主毗盧遮那佛，其名是梵語Vairocana 的音譯，而該詞的原意是「光明普照」之意，因而該佛本身就是光明之佛。該詞的語源與太陽有關，從中又可以看出，佛的光明廣大無邊，恰如太陽驅除黑暗而普照萬物生長那樣。密教中有大日如來之稱，並且也有類似《華嚴經》中無限的佛光普照世界的描寫。在《華嚴經》序品中，提及日月燈明佛的身體能放光芒，並能照亮東方一萬八千佛國。這個佛的名稱就將太陽與月亮作爲燈明而崇拜。

在佛經著作中常常以太陽與月亮來比喻佛光普照的世界。對日光的崇拜可能是由於經典產生之地屬於日光常照地區，而對月光的推崇則很可能是因爲印度氣候炎熱，人們由此特別珍視給人以清涼感的月光之故。無論怎樣，對光明的崇拜作爲佛教的重要特徵則是無疑的。

中國佛教中的光明崇拜

佛教的這種特徵在佛教傳入中國後也依然存在。中國佛教中占主導地位的是淨土宗與禪宗兩教派。淨土宗所祈求的理想世界無疑是「極樂淨土」，有關「極樂淨土」的描寫説明很多，這裏且舉《大無量壽經》（淨土宗三部經之一）中的解説爲例：

> 無量壽佛威神光明，最尊第一，諸佛光明所不能及。……無量壽佛，號無量光佛、無邊光佛、無礙光佛、無對光佛、焰王光佛、清淨光佛、歡喜光佛、智慧光佛、不斷光佛、難思光佛、無稱光佛、超日月光佛等。其有衆生，遇斯光者，三垢消滅，身意柔軟，歡喜踴躍，善心生焉。

被阿彌陀佛所放無量光明照耀輝映的世界就是極樂淨土，淨土宗的信徒們祈求的也就是這種佛的光明與慈悲包容的境界。

就禪宗而言，通常認爲修禪者悟道後所體驗的心境也正如一片光明淨澈的虛空。例如紀錄黃檗希運（？～約八五〇）論修禪的著作《黃檗傳心法要》中寫道：

佛與眾生，一心無異，猶如虛空，無雜無壞，如大日輪照四天下，日昇之時，明徧天下，此本源清淨心，常自円明徧照。世人不悟，祇認見聞覺知為心，為見聞覺知所覆，所以不覩精明本體。但直下無心，本體自現，如大日輪昇於虛空，徧照十方，更無障礙。

由此可見，中國的佛教，無論是重視他力念佛的淨土宗，抑或是主張自力修行的禪宗，都有著對光明世界的強烈志向與祈望。

「空」與虛空的同一

佛教另一個重要概念是「空」，它是大乘佛教般若經系統中的核心範疇。「空」在梵語中的原詞是 śūnya，在巴利語（一種古印度語）中的原詞則爲 suññā——意指無固定實體、缺乏實體性。佛教中的「空」概念很難簡約定義，據龍樹（二~三世紀）《中論》中的解說，由於天地間一切事物皆由因緣而起，萬物本身並無自在的實體，因而全爲虛幻之物，亦即空無。《大乘起信論》則認爲，「空」是指拋棄一切執著、差別、妄心而達到的真實、純粹而至高無上的精神自由境界。總之，佛教徒爲實現悟道理想，必須切斷一切執著之念，將一切物質存在都視爲「空」。

大乘佛教的典籍在表現這種「空」境界時，常常以「虛空」（太空）作比喻。如《華嚴經》第十章言：「一切法，猶如虛空，無所依止。」但是在最初的佛經原文中，「空」寫爲śūnya（梵語）、suñña（巴利語），「虛空」則寫爲ākāśa（梵語）。這是兩個很不同的概念。換言之，「空無」的「空」並沒有天空、太空的含意。然而當它進入漢語中後，由於空無與天空都可以用同一個「空」字表示，因此這兩個概念也就逐漸融合爲一。例如在前已引及的黃檗希運《傳心法要》中寫道：

> 學道人若欲得知要訣，但莫於心上著一物。言佛真法身，猶如虛空，此是喻法身即虛空，虛空即法身。常人謂法身徧虛空處，虛空中含容法身。不知虛空即法身，法身即虛空也。若定言有虛空，虛空不是法身。若定言有法身，法身不是虛空。但莫作虛空解，虛空即法身。莫作法身解，法身即虛空。虛空與法身無異相。

佛教學者中村元（一九一二～）在〈東洋人的思維方法〉之二《中國人的思維方法》中曾引及《傳心法要》的上段文字，並評論道：

在這裏，「虛空」一詞因可以「空」字表出，所以它伴隨著「空」（空無、sunya）的聯想。在中國，「虛空」幾乎被視為佛性的同義語。在印度佛教中也有以虛空比喻「佛性」、「自性清淨心」的說法，但是在印度人的理解中，「虛空」畢竟仍是自然世界中的原理或要素之一，它與作為形而上概念的自性清淨心或佛性等是互有區別的。而在中國人的思想中，這種區別卻被忽略。

中國人在思考抽象概念時總是傾向於以具體事象作類比或類推，因而在中國佛教中便有將空性與虛空視爲同一的說法。

虛空的樣態

那麼佛教所崇尚的「虛空」究竟是怎樣一種空間呢？它並非普通的天空，更不是塵埃瀰漫、雲霧繚繞的那種混沌空間，而是被燦爛陽光普照，或被皎潔月亮輝映的清淨澄明的天空。《華嚴經・第十章》寫道：「猶如春後月，虛空無雲翳，日曜清淨光，一切無不照。」這是一種毫無雲絲霧縷的澄淨天空。《趙州錄・卷上》亦道：「若真達不擬之道，猶如太虛，廓然蕩豁。」另外有「虛空無垢金剛」之說。這種明淨無染的虛空實際上也就是無拘束、無煩惱的菩薩智慧之同義語。

對塵埃與雲霧的否定

佛教中用以比喻悟道境界的虛空既然是日光與月光所輝映普照的澄淨青空，那麼遮障污染光明的雲霧塵埃之類也就自然會被佛教所否定。佛教中還將雲霧塵埃視爲有損於清靜心境的無明煩惱之象。

例如《六祖壇經・懺悔第六》中寫道：

> 何名清淨法身佛？世人性本清淨，萬法從自性生……如是諸法在自性中，如天常清，日月常明。為浮雲蓋覆，上明下暗。忽遇風吹雲散，上下俱明，萬象皆現。世人性常浮游，如彼天雲。善智識，智如日，慧如月。智慧常明，於外著境，被妄念浮雲，蓋覆自性，不得明朗。

此外還有「雲心」的比喻，其意思是說人因苦樂而生的煩惱之心，猶如人處雲霧陰雨中所產生的憂鬱一樣。「雲頭」（「雲頭點地黑如漆」）則是將煩惱痴疑比喻爲烏黑之雲。

「迷雲」指游移無定之雲，也是煩惱的喻詞。「霧海」比喻的是無盡的痴迷。「生死雲」則是喻指懼怕生死的蒙昧。倘若清淨之心轉生妄念，便可謂之「片雲點太清」、「足下雲生」、「胸底雲生」等。與此相反，倘心中煩惱妄念都被驅除拭淨，則可稱之「千江有水千江月，萬里無雲萬里天」（《普燈錄・十八・此庵守淨》）

由此看來，雲霧對佛教而言是不受歡迎的境象。然而雲霧畢竟與塵埃有別，它也有受佛教肯定乃至讚美之時。例如佛僧與道士同樣，樂於在遠離塵世的深山幽谷中居住修行，而這類地方通常雲霧繚繞，由此雲霧也被視爲佛僧們的親近對象。如唐詩人錢起〈江行無題〉詩中有「祇疑雲霧窟，猶有六朝僧」。唐僧人靈一〈僧院詩〉中有「無限青山行欲盡，白雲深處老僧多」。宋詩人楊萬里〈題水月寺寒秀軒〉中：「古寺深門一徑斜，繞身縈面總煙霞」。這些詩句都表明雲霧與佛僧們有著某種親切溫情。雲在天空中的浮游曾被道家喻爲無爲心的象徵，而佛僧們也常以之比喻自由而無礙無掛的心境。陶淵明（三六五～四二七）〈歸去來辭〉中「雲無心以出岫」常被用作佛門中語，由此足見一斑。佛門之事又被喻稱爲「雲水」，這也是因爲佛教所倡自由而無礙於俗念俗事的境界與行雲流水相似吧。

儘管雲霧之於佛教也有某種價值，但是由於佛教所追求的境界從根本上講是光明境界，因而將雲霧之類更多地比喻爲迷障與煩惱而鄙視之，也就是理所當然的了。從《楞嚴經》、

《楞伽經》這類佛經典籍看，印度佛教在論及心性時也並非沒有以雲霧比喻煩惱俗念的說法。例如《法華經・卷三・藥草喻品・第五中》道：

> 密雲彌布，遍覆三千大千世界，一時等澍，其澤普洽，卉木叢林，及諸藥草，小根小莖，小枝小葉……諸樹大小，隨上中下，各有所受。一雲所雨，稱其種性，而得生長。

在這裡，黑厚的雲又被尊崇爲使五穀果實得以豐收的大自然恩惠之象。又《華嚴經》的〈如來性起品〉描寫了閃耀著慈悲光輝的壯美法雲，而這種法雲所表現的正是佛國的莊嚴氣象。然而在中國，由於雲霧世界是道教思想的基礎，並且佛教所求的從根本上講是光明世界，因而雲霧之類在很大程度上就不得不被視爲否定性的意象。可以說正是在塵埃與雲霧被驅拂之地，中國特色的佛教（禪）得以成立。

三教思想之基盤的分別

要而言之，在中國空漠朦朧的自然空間中，人們較易陷入精神昏睡而麻木的狀態。在這種風土環境中大約有三種生活態度。其一是完全順從這種環境，棄絕人爲思考活動，任憑精神混沌朦朧。其二是與這種自然風土抗爭，充分開發智慧，使精神達到純粹澄明的活潑境界。其三是處於前兩種生活態度之間，按常識而處世。顯而易見，第一種是以雲霧世界爲基礎的老莊與道教順隨自然的生活方法；其次是以青空世界爲基礎的佛教（禪）覺醒式的生活方法；最後是以塵埃世界爲基礎的儒家理性與中庸的生活方式。

具體而言，在中國代表性的佛教即禪宗中有「活潑潑地」、「惺惺」（清醒之意）、「豁然大悟」一類說法。其中由「活」、「惺」這類字所綴合成的意味，突出的正是覺醒者的特殊精神狀態。禪宗中又時常有「喝」、「棒喝」之類公案故事式的問答，這類問答恐怕也主要是爲療救處於混沌朦朧風土環境中人的精神，使之能夠突然驚醒。

西方的自然風土環境因空氣明澄，絕無必要借助類似鬼面嚇人的言行方式來驚醒人的意識，而在中國卻恰恰必須賴這種與常規迥異的刺激方式使人警醒。禪宗的這種精神覺醒術之所以能在中國普遍流行，恐怕有一半原因在於中國空間大氣的那種混沌、朦朧性，並且這也正可謂中國禪宗的特色之所在。

佛教與道教在出世離俗這一點上都有共通之處，並且就思想而言，佛教最初也曾作爲道教的一支而滲透於中國社會。那麼此兩種教的本質區別究竟何在呢？

我以爲由上所述足以見出，佛教與道教最根本的區別在於雙方思想所賴以憑恃的風土基礎之別。且舉就近的例子而言，由佛、道兩教在睡眠與飲酒這兩件日常生活之事的態度之不同也可見。道教崇尚朦朧無知的精神狀態，因而肯定睡眠，並且將之視爲理想境界即「道」。《莊子》中有「據槁梧（琴）而瞑」（〈德充符〉）、「神農隱几闔戶晝瞑」（〈知北遊〉）、「言未卒，齧缺睡寐……媒媒晦晦，無心而不可與謀」（同前）等讚賞睡眠的話。在道教的隱士與仙人故事中，有能閉目睡眠而行走山川的「睡仙」夏侯隱（生卒年不詳），又有一睡而持續數年再醒的宋代隱士陳摶（？～九八九）。但是對於追求明淨境界的佛教來說，睡眠卻是利少弊多之事。睡眠被與財欲、色欲、飲食欲、名譽欲同列爲障蔽修道的「五欲」之一，又被與貪欲、瞋恚、掉悔（心煩後悔）、疑（猶豫）同列爲妨礙禪定的「五蓋」（五種煩惱）之一。佛教認爲意識的昏沉狀態與睡眠狀態都是有害於禪定（精神統一）的。

對於飲酒，道佛兩教也贊否截然不同。道家的《莊子・達生》、《列子・黃帝》中都載有「醉者神全」名句。酒醉後意識的朦朧狀態被視爲至高無上之「道」境界的標誌。道教中「酒仙」、「醉仙」之類的用語還表明對酒的功德之肯定。而在佛教中則如所周知，飲酒是被禁止的。「不飲酒」與「不殺生」、「不偷盜」、「不邪淫」、「不妄語」同爲「五戒」之列。飲酒不僅僅被視爲過失與犯罪的原因，更被視爲障蔽本性、妨害悟道的惡行。因而佛教中又有以「酒」比喻「無明」的詞語：「無明酒」、「無明醉」等。由此足以見出，企求精神純粹澄明的佛教（禪）在本質上是與酒醉後的朦朧狀態水火不相容的。

相對於佛道兩教對「睡眠」與「酒醉」的態度，儒家取的是既不肯定、亦不否定的節制立場。就睡眠而言，《論語》中有孔子對「宰予晝寢」的批評（〈公冶長〉），又有「寢不尸」之說（〈鄉黨〉）。這表明儒家在生活起居上也有嚴格的禮法規範。至於飲酒，《論語》中也有「不為酒困」（〈子罕〉），以及「唯酒無量，不及亂」（〈鄉黨〉）的要求。這種要求表明，儒家雖並不反對飲酒，但卻强調必須適度而不至於導致觸犯禮法規矩。

總而言之，儒、佛、道三教在中國的自然空間中各有自己思想的基礎及所居域界。與此相應，三教各自的思想也都因此而各有差異。從這個角度看，三教所倡導的坐的方式，即道教的「坐忘」、佛教的「坐禪」以及儒教的「靜坐」，從表面上看似乎是十分相類似的思想實踐，但是骨子裏卻無疑各異其趣。

第八章　中國文學與雲霧

如前所述，塵埃與雲霧是中國自然空間的特色之所在，也是中國風土特色的重要方面。一般而言，塵埃常與污濁相關，因而它很少直接被表現於文學作品中。但是就中國朦朧迷茫的自然空間之形成而言，塵埃卻起著很大作用。因而可以說它是中國文學以及藝術之風格的某種潛在基礎。至於雲霧，由於它本身具有潤飾自然山水的作用，因而與文學的關係尤爲明顯而密切。不過人們以往較少注意這種關係。

例如僅就中國詩中借雲寄意抒情一端而言，就有種種豐富而各異其趣的表現：有的借浮雲而抒發思鄉之情和飄泊之感，有的則以此慨嘆世態炎涼和人情淡薄；有的將之作爲精神自由的象徵而讚頌，有的則由此聯想人心的紛擾多變；有的以之爲理想和希望的象徵，有的則借它宣洩憂鬱與煩惱；有的觀雲而體會到某種力量，有的則由此領悟靜默與淡泊。在文學作品中，雲絕非單純的描寫對象，而更主要的是某種心境與情志的象徵。雲的意象也因人物、時間、場所以及雲的形狀之不同而各有內涵。這種意象的豐富多樣從古漢語中大量與雲霧相

關的詞彙中即可見一斑。(見本書第三章〈與雲霧相關的文字〉)

然而，雲霧與中國文學的關係因此而是個很闊大的課題，要對該課題的各個細部一一詳述幾乎是不可能的。即使是僅僅考察如上言及的雲霧對詩人文士們創作心理的影響，也需要花大力才可能具體把握。這裏我想集中就中國文學中的雲霧與中國風土之特點的關係問題，作一概略的論述。

一、雲霧在詩中的表現

平林漠漠煙如織，寒山一帶傷心碧。
暝色入高樓，有人樓上愁。

這是一首被譽爲「百代詞曲之祖」的〈菩薩蠻〉詞，據傳它的作者是唐代李白。儘管對此有很多人提出過異議，但是它的意境及藝術感染力卻是顯而易見的。首兩句描寫了廣闊平原中一片樹林被披罩上絲織薄紗般的霧靄，遙遠的羣山脈脈相連，隱隱顯現於冬日的寒氣中。這兩句描寫使人眼前油然浮現出一幅中國山野的遠景。要確定這幅畫面究竟是中國的何處何地是很困難的，因爲這樣的風景在中國各地都有，可以說具有很强的典型性。恐怕也正因此，這首詞才會被視爲李白所作和詞曲之祖而流傳至今的吧。

望鄉詩

玉階空佇立，宿鳥歸飛急。
何處是歸程，長亭更短亭。

這首詩一直被後世作爲思鄉之作而詠誦，而思鄉的主題正是中國古典詩歌的特徵之一。人們通常不太注意到中國古詩中有大量思鄉作品這一事實，而西方的讀者卻常常對此感到驚訝。劉若愚曾經指出：「即便是僅就英譯後的古詩而言，（西方）任何人讀過一定數量的作品後，都會發現其中鄉愁主題的突出地位。古代中國詩人似乎總是悲嘆他們的流浪，祈望著能夠返歸故鄉。」（《The Art of Chinese Poetry》）

劉若愚還這樣分析中國詩歌多思鄉主題的原因：「中國地域廣大，通訊困難，各大都市的高度文明化生活方式與偏僻地區的落後條件之間有著鮮明差異；加之傳統中極其強調家的重要性，其結果是每個人與其故鄉祖先之家結有深刻的聯繫。」這種分析是否恰切姑且不論，思鄉作品特多則無疑可說是漢詩的顯著特色之一。

塵埃與雲霧氛圍中的望鄉之情

這些思鄉詩的表現方式之一通常是，離鄉漂泊的詩人登上高樓，遙望自己故鄉的方向，而視界卻被蒼茫空間中的雲霧與塵埃消融，或者被遠處橫亙的雲山霧水阻隔。前引〈菩薩蠻〉詞中已隱約可見這種表現手法。下面再舉數例：

江漢深無極，梁岷不可攀。山川雲霧裏，遊子幾時還。（唐・王勃〈普安建陰題壁〉）

日暮鄉關何處是，煙波江上使人愁。（唐・崔顥〈黃鶴樓〉）

鄉國不知何處是，雲山漫漫使人愁。（唐・張祜〈胡渭州〉）

明月流客思，白雲迷故鄉。誰能借風便，一舉凌蒼蒼。（唐・盧照鄰〈贈益府羣官〉）

遺情傷，故人何在，煙水茫茫。（宋・柳永〈玉蝴蝶〉）

動天涯羈思，登山臨水，驚心節物，極目煙埃。（宋・丘崈〈沁園春〉）

已恨碧山相阻隔，碧山還被暮雲遮。（宋・李覯〈鄉思〉）

從這些詩詞中可見，在異鄉漂泊的旅人們，其思鄉之情常常被橫亙途中的「煙波」、

「雲山」、「煙水」、「暮雲」、「煙埃」等阻隔，由此他們的思鄉之情益發郁深。

其他國家的文學作品中很少有這類思鄉詩詞，因而我們不知道這種思鄉之情在他國將會是如何表現，很可能這種表現方式是中國文學中所特有的。因爲據常理推斷，飄泊者抑或囚虜們，當他們困陷於窮山惡水，被隔絕於大海孤島，抑或被遺棄在荒野沙漠，對於阻礙和壓抑他們望鄉思親的任何對象恐怕都是十分憎恨的。中國自然空間中的塵埃與雲霧對於古代浮遊異鄉的詩人們來說，也正是這樣一種阻隔思鄉之情的怨恨對象。在天空澄淨的地方，即使偶有雲霧與塵埃，也不至於使人有阻隔思念之情的感覺。但是倘若空中經常瀰漫著雲霧塵埃，飄泊異鄉的人就更容易產生故鄉遙不可及、遙不可見的寂寞孤獨乃至不安的感覺，思念之情也自然會由此而愈發深切。在這個意義上可以說，中國古典詩詞中這種思鄉作品的表現方式，正是中國獨特風土的反映。

隔絕感與離別感

這種表現方式不僅僅限於遊子思鄉的主題。在其他一些場合，諸如欲去某地而不能、想與舊別的朋友或戀人重逢而難以如願、往昔的快樂無法再享等等，所有這些給人以離別與隔絕感的情景對象，都常常被以類似的方式表現。茲舉幾例：

濟南何在暮雲多，歸去奈愁何！（宋・蘇軾〈畫堂春——寄子由〉）

多少蓬萊舊事，空回首，煙靄紛紛。（宋・秦觀〈滿庭芳〉）

青山隔送行，疏林不做美，淡煙暮藹相遮蔽。（王實甫《西廂記》第二十）

遙望天壽山，猶在浮雲間。長嘆未及往，胡塵沒中原。（清・顧炎武〈吳興行，贈歸高士祚明〉）

在中國古典詩歌中常見這種類型的表現方式，而究其原因，則無外乎中國自然風土多雲霧塵埃的特點。這種近乎公式常套的表現方式有時會使讀者熟視而無睹，而這也與讀者所生活並習慣於其中的自然空間特點有關。

二、詩歌中雲霧的發現

六朝時代雲霧美的發現

在中國文學發生的初期，雲霧並不太受重視。《楚辭》中雖然也有不少雲霧描寫，但這只是由於楚辭作品產生地的自然風土本身多雲霧的反映，而並不是詩人發現了雲霧中自然美的結果。中國文學中真正發現自然美是降至六朝時代才開始的。被評價爲中國山水詩之祖的謝靈運（三八五～四三三）好遊樂山水，並創作了許多精美的山水詩。大約於此同時，與江南山水相伴成趣的雲霧美才開始逐漸受到詩人們的重視。

「煙」、「嵐」意味的擴大

「煙」與「嵐」可以視爲發現雲霧美的象徵性標誌。在前面第三章我曾指出，「煙」字本義指火氣，至六朝時代，轉有霧靄之意。「嵐」字本義指山風，也是在此時開始有霧靄之意。何以會有這種意義擴大現象很難確考，但《史記・天官書》一段話爲我們提供了啟示：「若煙非煙，若雲非雲，郁郁紛紛，蕭索輪囷，是謂卿雲。」可見很可能是因爲雲霞霧靄之類自然現象與火氣之煙有相似之處，由此才逐漸混合而以「煙」字兼指的。

值得注意的是，「煙」字在先秦時極少用及。四書與五經中都不見有「煙」字。《荀子》、《莊子》、《韓非子》中僅各有一例，《墨子》中有六例，可見總的來說用例極少。其中除了《荀子・富國》中「煙海」、《楚辭・九章・悲回風》中「煙液」、《淮南子・主術訓》中「煙雲」等數例中的「煙」字有雲靄霞霧之意外，其他用例中的「煙」字都是意指火氣。

詩語中「煙」字的增加

筆者曾據松浦崇所著《全漢三國晉南北朝詩索引》而對其中「煙」字的出現次數作過統計。統計結果是《全漢詩》六次，《全三國詩》六次，《全晉詩》二十八次，《全宋詩》五十二次，《全齊詩》三十二次，《北周詩》十八次，《全梁詩》一一九次，《全陳詩》四十八次。其中「浮煙」、「煙塵」、「紫煙」、「煙雲」等詞中的「煙」字究竟是指火氣抑或霧氣很難判分，但是總的看來，時代愈後，以「煙」來指謂雲氣的用例便愈頻繁，並且綴有「煙」字的成語也愈多。

再從個別詩人的用例看。在劉宋的謝靈運以前，詩人們很少用及「煙」字，而在謝靈運詩中也未必有很明顯的變化。謝靈運曾被謫貶於浙江省的永嘉郡任太守，其時他常在當地名勝風景處遊樂。約一年後，他又辭官而隱退至家鄉始寧，以創作山水詩爲樂度日。但是在他的詩作中，「煙」、「嵐」總共才出現六次。其中四次是指火氣，而意指雲靄的只有「邈若升雲煙」（〈入華子岡是麻源第三谷〉）、「夕曛嵐氣陰」（〈晚出西射堂〉）兩例。然而他另有許多詩句所詠誦的無疑與雲霧有關，諸如「林壑斂暝色，雲霧收夕霏」、「白雲抱幽谷，綠篠媚清漣」、「春晚綠野秀，巖高白雲屯」、「水宿淹晨暮，陰霞屢興沒」、「時竟夕澄霽，雲歸日西馳」等。這些詩句在讚美江南好風光時，都特別注意到了雲霧的美。「煙」字在詩中顯著增多大約是到劉宋的謝莊（四二一～四六六）、鮑照（四一二～四六六）時。謝莊爲謝靈運之子，流傳至今的詩僅十六首，其中七首（八次）以「煙」字指謂雲霧。鮑照詩中「煙」字用例計二十七次，其中三分之二以上是指謂雲霧。到了齊代的謝朓、梁代的何遜時，山水詩中這類用例更爲頻繁而幾成常規。另一方面，「嵐」字的用例與「煙」相比卻少得多，僅在晉代的夏侯湛（二四三～二九一）、宋代的謝靈運、梁代的江淹（四四四～五〇五）作品中各見一例而已。該字的這種用法大約是至唐代才頻繁出現的。

隨著六朝時代雲霧美的發現，不僅「煙」字逐漸被引申擴展而指雲霧霞靄之類，而且以「煙」字相綴的有關詞彙也日益增多。諸如：

煙景、煙花、煙波、煙月、煙津、煙村、煙樹、煙柳、煙雨、煙江、煙帆、煙樓、煙林、溪煙、汀煙、渚煙、岸煙、嶺煙、蒼煙、清煙、搖煙、寒煙、野煙……

以上這類詞彙一一指出其書名出處很占篇幅，不過可以確斷的是，所有這些詞彙都大致是六朝以後，亦即詩人們發現了山水美以後才產生的。僅僅從這類詞語在詩歌中的頻繁出現便不難理解，何以中國詩歌中常常表現出沖淡、幽遠、靜閑、清和、婉約、朦朧、含蓄、柔和等與雲霧相關的細膩意境與獨特雅趣。倘若沒有雲霧霞靄的潤飾，中國古代的那些寫景詩所表現的就會是那種具有男性粗糙生硬風格的裸露無遮的自然。

唐詩中雲霧的意味

自六朝時代發現雲霧美以後，「雲煙」之美的描寫在中國文學中顯得日益突出。唐代詩歌中這類例子時有所見，例如李白〈春夜宴桃李園序〉：「況陽春召我以煙景，大塊假我以文章。」中唐時的賈島更道：「人有不朽語，得之煙山春。」（〈延康吟〉）這些詩文中的「煙景」、「煙山」顯然不僅僅單純指雲霧，它有泛指山水自然美的意味。從唐代詩人們對這類詞彙的廣義用法上，我們也不難看出其時雲霧美受重視的程度。

唐詩中的雲霧描寫

正因此，唐詩中詠及雲霧煙霞的名篇佳句非常多，如李白〈送孟浩然之廣陵〉：

故人西辭黃鶴樓，煙花三月下揚州。

孤帆遠影碧空盡，惟見長江天際流。

其中第二句描寫煙花（「煙花」意即以雲霧喻花），整首詩寫的是在雲霞靄靄的晚春三月送知友去揚州。中唐詩人杜牧（八〇三～八五三）也在〈江南春〉中詠道：

千里鶯啼綠映紅，水村山廓酒旗風。
南朝四百八十寺，多少樓臺煙雨中。

這首詩歷來被讚爲名篇，其中第三、四句詠嘆了歷史上延續下來的無數樓臺，它們被籠罩在茫茫霧雨中。整首詩猶如一幅描繪江南朦朧春景的優美繪畫。

江南春色與雲霧

僅從以上所舉兩首詩例便不難看出，唐詩在詠嘆江南風景時常常描寫及雲霧。雲霧霞靄到處都有，而並不僅僅限於江南地方。但是畢竟江南的春色與雲霧霞靄關係尤爲密切，因此發現自然山水美的六朝以後詩文中才會特別傾心於雲霧之美的描寫。江南地區有南京、蘇州、揚州等歷史名都。詩人們在詠史懷古的時候，也常常會由此寫及雲霧。這是因爲縹緲變幻的雲霧能夠襯托悲慨或思念之情，產生某種特別效果。

詠史詩與雲霧

晚唐韋莊（八三六～九一〇）的〈臺城〉（一名〈金陵圖〉）中詠道：

江雨霏霏江草齊，六朝如夢鳥空啼。
無情最是臺城柳，依舊煙籠十里堤。

該詩從題目看，當是在南京臺城時所作，或者是因觀〈金陵圖〉有感而作。總之，它的主題顯然是詠嘆已逝去的六朝繁華時代。這種繁華如今已如夢幻，而十里長堤上卻依然是雲霧籠罩當年的柳樹。

除此之外，劉禹錫的〈金陵懷古〉、杜牧的〈泊秦淮〉、陳羽（七五三～？）的〈吳城覽古〉、許渾（七九一～八五四？）的〈金陵懷古〉、羅隱（八三三～九〇九）的〈金陵懷古〉、李羣玉（九世紀）的〈秣陵懷古〉等詩中也都有同類主題與手法。由此可見，唐詩中那些詠嘆緬懷古都舊跡中昔日榮華的作品在表現方式上，通常都要以虛無飄緲的雲霧作爲襯托。由此可以推斷，上引杜牧的〈江南春〉，並非單純是寫景，而更重要的是懷念與悲嘆當時已被廢棄而荒蕪的南朝佛寺古跡，並表現對唐武宗（八四〇～八四六在位）政治的不滿。日本詩歌中的懷古之情通常是與詩人眼前所見的荒蕪舊跡聯繫在一起的，例如〈八重葎〉（拉拉藤）、〈夏草〉、〈石垣〉等便是如此。而在中國古詩中則幾乎伴有雲霧霞靄之類的描寫，這種傳統唐代以後仍經久不斷。例如宋代王安石（一〇二一～一〇八六）的「六朝舊事隨流水，但寒煙芳草凝綠」（〈桂枝香〉詞），清代袁枚（一七一六～一七九七）的「君不見南朝二十餘陵盡建康，冬青無樹煙茫茫」（《小倉山房詩集・卷十・梁武帝疑陵》）。這種特異而持續不斷的表現方法顯然是自然風土特性的反映。

三、王士禛的詩與雲霧美

雲霧美的追究

前已指出，雲霧對中國山水自然具有裝飾價值，並且它因此而早就受到詩人們的重視。然而對雲霧美的價值認識最深、追究最徹底的卻是後來的清初詩人王士禛。在繪畫領域中，宋代的畫家米芾（一〇五一～一一〇七）與米友仁（一〇八六～一一六五）父子已經對雲霧的特殊審美價值作過深入研究（詳下章）。相比之下，詩歌領域中王士禛對雲霧的研究爲時頗晚。

王士禛又名士禎，字貽上，號漁洋山人，山東濟南人。在清初詩壇中他被尊爲「一代正宗」，是位頗有影響的人物。從高橋和己《王士禛》（岩波《中國詩人選集》，一九六二）、橋本循《王漁洋》（集英社《漢詩大系》，一九六五）這些有關他詩作的選本看，便不難發現其中很多作品都描繪到雲霧煙靄。雖然這些選本所錄詩作只是王士禛全部作品的小部分，但是就這些選本而言，至少其中近半的名篇意境是與雲霧煙靄相關的。

得意之作

且以清初順治十八年（一六六一）他二十八歲任揚州府推官時所作一詩爲例，該詩題爲〈青山〉，是他因公事而途經南京時詠成：

晨雨過青山，漠漠寒煙織。
不見秣陵城，坐愛秋江色。

詩中的「青山」即南京市東南的青龍山，「秣陵」則是南京舊名。早晨雨過，青龍山一帶霧靄交織著寒氣，遙遠望去是一片濛濛景象，整個南京古城的城郭也顯得隱約難見，而詩人此時正靜坐在江邊，陶醉於秋天的長江風景中。該詩寫作者對古城南京的思念之情，而作品中的南京城郭卻又因雲霧而隱晦不見。正是在這若有若無之間，使讀者感到該詩有一種味外之味、境外之境。另一首題爲〈江上〉的詩寫道：

蕭條秋雨夕，蒼茫楚江晦。
時見一舟行，濛濛水雲外。

清寂的秋夜淅瀝瀝地下著雨，長江上一片蒼茫晦色。偶爾有一條小船出現於江面，卻很快又消溶於濛濛水霧中。這首詩所繪畫面中，前景是一片秋雨水霧，後景是更爲迷濛浩渺的水空，其間一條小船由近而遠隱沒。這幅畫面可謂充滿了「味外之味」及「朦朧含蓄」的意趣。與該詩大約作於同年的〈惠山下訪鄒流綺〉也有著類似境界：

雨後明月來，照見下山路。

人語隔谿煙，借問停舟處。

該詩是作者遊無錫惠山時訪友人後作。前兩句意義豁然，後兩句寫向河面雲霧另一端隱而不見的人尋問停舟之所，這種表現方法未必是王士禛獨創，很可能是受唐代王維「欲投人處宿，隔水問樵夫」（〈終南山〉）的影響。但是該詩中的這種表現無疑追求的是朦朧含蓄之美。

王士禛的詩風

王士禛年輕時寫有五首代表其神韻說詩論主張的得意之作，並自認爲足以與王維、裴迪（七一六～？）的《輞川集》與祖詠（六九七～七四六？）的〈終南殘雪〉等詩篇媲美。以上所例舉的三首詩正是這五篇中的作品。這三首詩中的意境都與雲霧密切相關，而王士禛的這類作品極多。在他詩作品中時常出現「煙景」、「煙柳」、「煙村」、「煙霏」、「寒煙」、「晚煙」、「風煙」、「蒼煙」、「煙際」之類詞彙。中國學學者大平桂一（一九五五～）曾對王士禛詩與雲煙霧雨之關係的問題作過專門研究。其中〈揚州時代的王漁洋〉一文（《日本中國學會報》第三八集，一九八六年）中認爲，王士禛奠定自己文學創作基礎是在揚州那段時期（二十七歲～三十二歲）。而正是在這一時期中，他的詩歌創作有意識地熱中於霞霧、細雨、夜色之類構成朦朧意境的表現。並且「以此為背景，藉詠嘆六朝興亡歷史之名而暗中悲悼明朝的滅亡」。前節已經指出，唐詩中詠嘆六朝興亡歷史的作品常以雲霧煙靄爲背景，但是到王士禛，這種表現方法則被運用發揮得更爲徹底。

對雲霧美入迷的原因

王士禛爲什麼如此樂於在詩歌中表現雲霧之類的意境呢？我以爲這主要是因爲他生在北方的山東省，成年後轉到江南，所以對江南風光有特殊敏感有關。他二十七歲因任揚州府推官而開始移居江南，自此以後的五年中，便逐漸入迷於江南的風景。《帶經堂詩話・卷七》中他自道：「予自少癖好山水，嘗憶古人『身到處莫放過』（羅大經《鶴林玉露・卷三》）之言。故在揚州日，於金陵（南京）、京口（鎮江）、梁溪（無錫）、姑蘇（蘇州）諸名勝，皆於簿書期會中不廢登臨……予豈敢望古人，若山水之癖，則庶幾近之耳。」可見他在揚州任官期間曾乘公務之便而遍覽江南名勝。王士禛的「漁洋山人」號也是在他二十八歲遊太湖，因有感於近旁漁洋山的秀美風景而取。他在《入吳集》自序中寫道：

> 漁洋山在鄧尉之南，太湖之濱，與法華諸山相連綴。岩谷幽窅，筇屐（柱杖與木屐）罕至。登萬峯（山）而眺之，陰晴雪雨，煙鬟鏡黛，殊特妙好，不可名狀。予入山探梅信，宿聖恩寺還元閣上，與此山朝夕相望，若有夙因。乃自號漁洋山人云。

王士禛此時連該地的地名尚未知道，他以「漁洋山人」自號，顯然是由於爲「煙鬟鏡黛」般難以形容的秀美風景所傾倒而入迷。此外，在前此一年的冬天他曾與友人在揚州一帶遨遊，《過江集》自序中敍道：「京口三山及招隱、鶴林諸寺，予十年夢寐而不獲一至。一旦獲至而得，放舟大江，躡屐幽壑，窮極煙風雲水之變態。斯遊也，可謂不徒矣。」對於出生於北方山東的他來說，江南的山水一直是他憧憬神往的，特別是江南的雲霧美更使他驚嘆不已。雖然他本人未說得十分明確，但是可以推斷，在他心目中，江南風景之美的奧妙乃在於縹緲雲霧的潤色與映掩。

神韻說

王士禛在醉心於江南雲霧繚繞的山水風景，並由此而在詩中追求朦朧意境的同時，還提出了與此相關的特殊詩論，這就是有名的「神韻」說。他的「神韻」說曾風靡清初詩壇，並且是整個清代詩學中的重要理論之一。「神韻」説究竟有何特別主張呢？對此王士禛只作過一些零散的暗示和象徵性的説明。根據他的有關説法，「神韻」强調的是「味外之味」、「言有盡而意無窮」，它不尚雕琢，追求淡泊清遠而空寂朦朧的境界。顧名思義，「神韻」就意味著某種縹緲而不可捉摸、只能意會的詩意。「神韻」説的緣起至今仍有不甚清楚之處，但是可以肯定的是它的提出與王士禛本人追求縹緲境界的寫景詩創作實踐密不可分。王士禛最初倡導「神韻」是在二十九歲時，其時他曾編纂供學童使用的唐詩律絶，並名之以《神韻集》。正是與此同一時期，他在前引詩歌中熱中於運用「隔」和「朦朧」等創作手法，寫了許多以縹緲雲霧爲特徵的江南風景詩。一般地説，文學家所提出的文論或詩論主張通常與他們自己的氣質、審美趣味、好惡以及風格相一致。王士禛的創作實踐也與其詩論相合而互映成輝。

崇尚朦朧美的藝術論

儘管像王士禛這樣熱衷於在詩歌中追求朦朧美的詩人並不多見，但是這種審美趣味卻是中國風土環境的必然產物。中國自然環境中的大氣本身常呈朦朧狀，塵埃瀰散的自然景觀一旦被從遠處眺望，便會顯得更爲美麗動人。因此詩人在創作中重視霧裏看花式的表現，以及詩論中對雲霧繚繞的朦朧境界的推崇，這一切都是很自然的。

在王士禛以前，重視雲霧與朦朧境界的審美觀以及相應的詩論、畫論並非没有。例如冠有王士禛序文的明末謝榛所作《四溟詩話・卷三》中有這樣一段話：

> 凡作詩不宜逼真，如朝行遠望，青山佳色，隱然可愛。其煙霞變幻，難於名狀。及登臨，非復奇觀，惟片石數樹而已。遠近所見不同，妙在含糊，方見作手。（〈技巧〉）

其中也主張詩中的描寫，與其求逼真寫實，不如以含蓄隱約之法表現爲美。而這種表現技巧正合乎對雲霧山水之朦朧境界的特殊審美趣味。同是明末的畫論家董其昌（一五五五～一六三六）曾提出「隔」的美學主張：「攤燭作畫，正如隔簾看月，隔水看花。意在遠近之間，亦文章妙法也。」（《畫禪室隨筆・卷四》）董氏認爲直接觀看對象不如隔一層遮掩欣賞更有情趣。前引王士禛「人語隔溪煙」詩句很可能也受到董氏這一「隔」的藝術論之影響。此外，比王士禛年長八歲的詩論家葉燮（一六二七～一七〇三）在《原詩》中曾指出：「詩之至處，妙在含蓄無垠、思致微渺。其寄託在可言不可言之間。其指歸在可解不可解之會。言在此而意在彼，泯端倪而離形象，絕議論而窮思維，引人於冥漠恍惚之境，所以為至也。」

葉燮的這番論說很可能也是受了王士禎的神韻說的影響。總之在明末以後，崇尚冥漠恍惚之境、主張朦朧美的藝術觀已經初露端倪。在這個意義上可以說，王士禎所提出的這種頗有神秘感的詩論以及他那些給人以幽玄感的作品，當是時代思潮中的產物。進而言之，由於這種美學趣味最典型地反映了中國風土雲霧縹緲的特點，因而在中國詩學史上它雖然姗姗來遲，卻必然會、並終於出現了。

四、雲霧對戲曲與小說的影響

荒唐無稽的夢幻故事

與西歐同時代的戲劇與小說相比，中國明清時代的戲曲小說常給人以夢幻性、非現實性以及非寫實主義的感覺。這些作品中的生活描寫總令人覺得有些脫離現實，對故事中人物的複雜微妙心理變化也甚少觸及。讀這些作品常使人感到猶如進入撲朔迷離的夢幻國度。這種特點僅從一些戲曲小說多以「夢」爲題名便可見一斑。諸如「南柯夢」、「黃粱夢」、「臨川夢」、「瓊花夢」、「揚州夢」、「紅樓夢」、「梅花夢」、「英雲夢」、「歸蓮夢」、「夢中緣」、「生花夢」、「鴛鴦夢」、「青樓夢」、「因緣夢」等，隨手拈來就有如此多

《揚州夢傳奇》插畫（清初刊）

的「夢」題故事，而事實上這類題目遠不止這些。倘若再加入那些雖題名中無「夢」字，但內容卻是以夢構成的作品，則爲數更難以勝計。其他國家的戲曲小說故事中也並非沒有夢的描寫，但是卻遠不能與中國戲曲小說中的這種現象相比。可以說，擅寫荒唐無稽的夢幻故事乃是中國戲曲小說的主要特徵之一。

儘管如此，中國文學中的故事作品卻似乎有較明確的題材背景，而很少有日本文學中那種幻暈、曖昧及朦朧感。鈴木修次曾指出：日本古代故事作品的開頭常常以「從前有一個男兒」這種籠統不確的說法，與此明顯不同的是，唐代的傳奇小說在故事中卻總是要明確介紹主人公的姓名及籍貫背景等。他認爲中國文學因此而具有重視事實、現實和確實性的傳統，「這可能是中國社會的讀者不允許作品中故事與人物有似真非真的性質」（《中國文學與日本文學》，東方選書，一九八七年），我以爲就他所舉例子這方面而言，或許確實如此，但是就作品全體而比較，則未必如此。中國故事作品中的具體人物或情節似乎都真實可信，但是總體的內容卻充滿著令人驚愕的荒唐無稽性、曖昧性和非現實性。至少可以說明清時代的戲曲小說基本上是如此。

古代中國戲曲小說的這種特點，迄至近二十世紀時依然不斷出現，這是很值得探究的現象。換言之，中國的戲曲小說爲什麼在十九世紀末的近代仍未形成新的寫實主義創作方法？

近代寫實主義不發達的原因

一些學者曾從中國社會發展緩慢等角度來說明這一問題，但是在我看來，最主要的原因仍在於中國自然風土環境的特點。

前面已多次指出，中國的自然空間中塵埃瀰漫、雲霧繚繞，顯得朦朧茫漠，恰如夢幻中的境界。在這裏，虛幻與真實、夢與現實、過去與未來、生與死、此岸與彼岸、天界與地上、神佛與人間、人與其他生命類等，所有這些界線都模糊不清，而不像西歐世界那樣截然分明。正因此，中國遠古時代產生的神話與萬物有靈的思想得以長期流傳持續，並且神仙乃至幽靈鬼怪之類常馳騁出没於人們的意識中而被迷戀不捨。明清的小說中，有《聊齋誌異》、《子不語》、《閱微草堂筆記》等專以幽靈、動物、妖精爲題材的作品。即使是《西遊記》、《水滸傳》、《紅樓夢》、《三言二拍》等大部長篇的虛構作品，也包含有不少幻想而非現實以及迷信的夢境情節。古代世界中的這種非合理幻想及迷信在現代世界中已大爲減少，並且這是大多數國家的發展趨勢。社會愈是向現代化發展，理性主義精神愈發達，古代的迷信及神話式幻想也就愈趨式微。文學創作逐漸向寫實主義、自然主義和現實主義方向發展也是必然的。但是在中國，由於自然風土具有朦朧特性，人們很難從迷信的虛幻世界中解脫出來。正因此，近代（至十九世紀末）中國文學界才依然會出現大量與寫實主義創作方法相背離的夢幻性作品。

天人的降謫

這種夢幻意識的表現之一是謫仙的觀念，它常常出現在戲曲小說中。所謂謫仙是指本爲天界的仙人或仙女，因觸犯了天界的某種法規而被懲罰投胎於凡間人世，在人世間經歷一定磨難後可再度歸返天界的人。這種觀念自六朝時代開始，便隨著道教（神仙思想）的流行而逐漸普遍化。例如傳說有一位謫仙成公興，曾與北魏的道士寇謙之（三六五？～四四八）一起在華山及嵩山過隱遁生活，七年後他的謫配期滿，便又再度升天爲仙。唐代詩人白居易的〈酬吳七見寄〉中也寫道：「君本上清人，名在石堂間。不知有何過，謫作人間仙。常恐歲月滿，飄然歸紫煙。」（《白居易詩集．卷六》）。清代的趙翼在《陔餘叢考．卷三九》中曾列舉過歷代數位被視爲謫仙的人，他們分別是漢代的東方朔（前一六一？～前八七）、南齊的杜京產（五～六世紀）、唐代的李白、宋代的蘇東坡。實際上古代曾被視爲謫仙人的恐怕還不止於此四位。

謫仙女

就文學作品而言，謫仙女較之謫仙更爲重要。這是因爲在以愛情爲題材的中國戲曲小說中，出場的女主人公幾乎都被認爲謫仙女。與謫仙同樣，謫仙女也是因觸犯天界法規而被貶到人間，她們經歷一番人間辛酸後，仍將歸返天界。中唐時期蔣昉所作《霍小玉傳》中，鮑一娘在將美妓霍小玉介紹給李益時這樣說：「有一仙人，謫在下界，不邀財貨，但慕風流。」清初的吳震生（一六九五～一七六九）在《西青散記》序中道：「吾蓋知夫天上佳人者，之即為人間之所升也。吾蓋知夫人間佳人者，之即為天上之所降也。」這種觀念一直主導著中國的美女觀。

天生麗質的女子常常被稱爲「天女」、「天人」、「天上人」、「天女使」等，詩文中因此而常有「嫣然一笑坐生春，信是天人謫居此」（瞿佑《安榮美人行》，《堅瓠六集．卷二》）、「若非月窟嫦娥，定是瀟湘神女。塵凡世界那有這等姿容？」（李漁《蜃中樓》雙訂）這類十分浪漫的想像。但問題在於，這種美女觀念直至近二十世紀時依然支配著人們的認識，並主導著戲曲和小說等有關故事的敍寫。例如在十八世紀小說《紅樓夢》中，幾十名美女都被描寫爲因罪而被謫投胎於凡間的仙女，她們最後還將歸返天界。《紅樓夢》以後的一些模仿之作以及十九世紀產生的《鏡花緣》、《兒女英雄傳》等，也都採用了仙女謫降之類的表現模式。

許多國家的文學作品中也都有類似謫仙女之類的故事，例如日本古代的《竹取物語》、《源氏物語》（松風卷）中的故事，西歐也有「墮落天使」(fallen angle)的故事。但是其他國家的這類故事只見於民間文學作品中，而中國的這類故事卻直到近代仍在愛情題材的戲曲小說中占主流地位，這使人頗感驚訝。《聊齋誌異》自不待說，即使是《紅樓夢》、《鏡花緣》等在篇幅上遠比以往戲曲小說厚長的作品，似乎也都與近代的現實主義文學相距甚遠。

仙女降謫的真實感

然而，最近我卻逐漸認爲仙女降謫的故事絕非不可思議，毋寧說在中國的環境中產生這種現象是十分自然的。因爲在中國朦朧的自然空間中，天界與下界的分隔並不很明顯，仙女的降世似乎也就有某種真實感。倘若今天我們在拂曉或黃昏時候散步於霧靄朦朦的中國庭院，見到亭臺丘池旁有位倩女婷婷玉立，只見她披著色彩鮮麗的衣裙，而忽然間卻隱没於霧色之中，此時此刻，我們一定會有此女恐是天上仙的感覺。在男女授受不親的舊時代，男子在貴族庭院中有幸見到窈窕淑女，這種感覺當會更爲强烈。倘若没有這種感覺，那反而是不可思議的了。唐代的白居易曾詠嘆過在霧紗繚繞中若隱若現的淑女形象：

花非花，霧非霧。夜半來，天明去。來如春夢幾多時，去似朝雲無覓處。（〈花非花〉）

據説此詩所詠的是元稹（七七九～八三一）《會真記》中崔鶯鶯的形象。不管確否，正如「霧裏看花花更美」詩句所言，處在雲霧中的絕世佳人無疑別有一種神秘色彩。現代文學家曹靖華在其散文中也曾有這樣一番描寫：「黎明前的輕霧，蟬翼似地罩在她們身上。她們穿雲鉆霧，拾級而上。這究竟是七仙女來到人間呢？還是我們在天宮呢？」（《廣西抒情之二・花》）中國的雲霧確實猶如天界中垂下的幕簾，它極易引發人們的浪漫幻想。日本的漢詩作者也曾模仿中國詩人，將女性比喻爲仙女而歌詠，但卻總使人有陌生不切之感。原因恐怕在於兩國的風土畢竟不同。

孕育非現實故事的風土

中國戲曲小說中所描寫的非現實世界並不僅僅限於謫仙女之類，還包括仙界、冥界、狐狸界、妖怪界等。它們似乎毗鄰於人的世界，而人也能愉快輕鬆地與這些異界的山神、水神，以及各種動植物的精靈們往來，其間並沒有什麼難以跨越的隔閡障礙。這種現象可能與迷信及萬物有靈的觀念有關。大谷孝太郎《現代支那人精神構造之研究》（東亞同文書院支那研究部，一九三五）中曾提及美國社會學者哈維（Edwin D. Harvey）的《中國心理》（The mind of China）一書，該書是作者一九二二～一九二七年在中國研究中國民間信仰與宗教生活的結果。其中認爲支配中國人的宗教價值觀無疑是萬物有靈觀念：

> 中國的萬物有靈論包含著視天地為精靈棲居之所的觀念，中國人的心理與其說是傾向於自然主義，勿寧說始終執著於萬物有靈論。古代漢帝國宗教中，最受重視並常被記錄的是神靈崇拜。古代中國對人事的關心，幾乎無不與神靈信仰有關，只是程度不同而已。亡魂、神靈、祖靈、物神充滿於中國人的想像世界，並支配著他們生活的所有

方面。

在這位美國學者看來，萬物有靈的觀念乃是中國國民性的本質特徵。確實，中國人對於風雨、山川、雷電、江海乃至禽獸、草木、金石等，無不視爲受神靈支配的信仰對象，並將之擬人化，賦予其人的姓名以及生日。這種萬物有靈觀念的長期存在和流行，可能也是由於中國近代科學理性難以成熟發達的緣故。歸根結底，原因恐怕還是在於中國自然空間中朦朧混沌的特性，正如《禮記．祭法》中所言：「山林川谷丘陵，能出雲，為風雨，見怪物，皆曰神。」這種自然風土很容易使人們相信種種神秘精靈的存在。

在中國古典戲曲小說中，不僅有天女、神仙、幽靈的種種表現，即使是凡人，也常常被描寫爲飄然而至，忽然而去。諸如「杳不知行方」、「無影無蹤了」這類描寫句經常出現，給人以神出鬼沒、時隱時顯的感覺。此外又有「後會渺雲煙」一類形容主人公消失於渺茫虛無之中而不可再見的句子。這種描寫的頻繁出現，對於生活於西歐明淨環境中的人來說，無疑缺乏真實感；但是在空間模糊渺茫的中國，卻反而是十分熟悉可信的。

總之，在中國古典戲曲小說作品中占主導地位的表現手法與現代寫實主義迴然不同，夢境、幻覺、謫仙女、幽靈、妖精等始終是故事作品中不可或缺的描寫對象。而這種現象的原因正是中國的特殊風土。在這種風土背景中，現代理性的寫實主義文學很難發達。從某種意義可以說，相對於中國特殊的自然風土，這種游離現實生活真實的夢幻性作品反而具有寫實主義的性質。

五、《西遊記》與雲

雲氣瀰漫的小說

以神仙與天界靈怪爲題材的中國古典戲曲小說，理所當然地會常常描寫到雲霧。戲曲中的許多神仙劇、小說中的《西遊記》以及八仙故事等有這種特徵。其中《西遊記》的雲霧描寫尤爲突出。如所周知，孫悟空、如來佛、菩薩以及其他種種妖怪都是乘雲駕霧而往返於天空，並在空中進行爭戰。像孫悟空乘「筋（觔）斗雲」而隨意馳騁天空的類似場面就有不少。茲舉其中兩例：

那菩薩帶了木叉，飛上高臺，遂踏祥雲，直至九霄……（第十二回）

卻說大聖（孫悟空）縱觔斗到了半空，佇定雲光，回頭觀看，只見松林中祥雲縹緲，瑞靄氤氳。（第八十回）

《西遊記》中這類場面隨處可見。不僅有瑞雲祥霧，還有妖怪所住深山洞穴中的妖氣、妖霧等。總之，該小說可謂雲氣瀰漫，乃至使人感到無此便不再是《西遊記》了。

乘雲駕霧的佛教聖者

《西遊記》的主題是寫玄奘三藏法師在孫悟空、沙悟淨、豬悟能（八戒）三弟子陪伴下，去西域印度求佛典的故事。因而它似乎是有關佛教、僧侶的故事而非道教、神仙的故事。但是實際上作品中描寫更重視的卻是道教世界。小說中的如來佛及菩薩總使人感到有點像道教中的神仙，並且是活動於道教的天地中。例如，如來佛與菩薩這些屬於佛教領域的聖者在小說中卻能乘雲駕霧地隨意往返於天空。這種情況在印度佛教中幾乎是不可想像的。佛典《華嚴經如來性起品》中雖然也描敍過如來佛周圍法雲繚繞的壯美景象，但是卻全無如來佛能夠騰雲駕霧的記載。據說佛教中「臨終來迎」的思想認爲，對那些期望來世進入淨土世界的信徒，在他們生命臨終之際會受到乘著紫雲的阿彌陀佛的歡迎。但是這種能乘雲駕霧的佛形象卻是在中國受道教和神仙思想影響後才有的，印度佛教中原本沒有這種意識。此外，佛教中有讚美佛境之莊嚴的所謂「飛天」藝術，天人們能夠在空中飛翔的同時，以花香音樂等來禮讚佛的功德。但是一般認爲，這也是西域佛教傳入中國以後才發展起來的（岩波書店《佛教辭典》「飛天」條）。總之，佛、菩薩以及天人等能夠乘雲駕霧的想像肯定是在多雲霧的中國風土環境中產生的。在這個意義上可以認爲，《西遊記》中的如來和菩薩等形象，與其說屬於佛界，不如說主要屬於道教的神仙界。

孫悟空的筋斗雲

《西遊記》的道教屬性從其中孫悟空的形象上也不難看出。孫悟空乘筋斗雲的法術是從靈臺方寸山名爲須菩提祖師的仙人那裏學得。《西遊記》第二回中寫道：

一日，祖師與衆門人在三星洞前戲玩晚景。祖師道：「悟空，事成了未曾？」悟空道：「多蒙師父海恩，弟子功果完備，已能霞舉飛昇也。」祖師道：「你試飛舉我看。」悟空弄本事，將身一聳，打了個連扯跟頭，跳離地有五、六丈，踏雲霞去勾有頓飯之時，返復不上三里遠近，落在面前，扠手道：「師父，這就是飛舉騰雲了。」

祖師笑道：「這個算不得騰雲，只算得爬雲而已。自古道：『神仙朝遊北海暮蒼梧。』……凡騰雲之輩，早辰起自北海，遊過東海、西海、南海，復轉蒼梧。蒼梧者，卻是北海零陵之語話也。將四海之外，一日都遊遍，方算得騰雲。」悟空道：「這個卻難！卻難！」祖師道：「世上無難事，只怕有心人。」悟空聞得此言，叩頭禮拜，啟道：「師父，為人須為徹，索性捨個大慈悲，將此騰雲之法，一發傳與我罷。」祖師道：「凡諸仙騰雲，皆跌足而起，你卻不是這般。我纔見你去，連扯方纔跳上，我今只就你這個勢，傳你個『筋斗雲』罷。」悟空又禮拜懇求，祖師卻又傳個口訣道：「這朵雲，捻著訣，念動真言，攢緊了拳，將身一抖，跳將起來，一筋斗就有十萬八千里路哩！」……這一夜，悟空即運神煉法，會了筋斗雲。

「筋斗雲」可說是孫悟空的特技，但是有關騰雲駕霧之術的記載卻是道教著作中常有的。孫悟空另有分身、變身、隱身等法術，而這一切都屬於道教的仙術。例如北宋的道士張君房（十~十一世紀）所著《雲笈七籤·卷五三》中敍有「藏形匿影之術」、「乘虛御空之術」、「隱淪飛霄之術」、「出有入無之術」、「飛靈八方之術」、「解形遁變之術」、「迴晨轉玄之術」、「隱景儛天之術」等八術。再如孫悟空制伏妖精時所說的話，也與《神仙傳》中劉安、張道陵、欒巴、左慈、壺公、葛玄等傳記中的有關用語相似，並且在以後的道家書籍中也時有所見。由此亦可見，道教在《西遊記》中所占的比重極大。

道教對《西遊記》的影響

《西遊記》中還時有「十洲」、「三島」、「福地」、「洞天」等與道教及神仙思想關係密切的地名，可謂是道教的面目無處不露。在《西遊記》故事最後高潮的第九十八回中，三藏等一行歷經千辛萬苦，終於在如來那裏取得了佛典，此時小說對如來所居印度佛國的描寫，顯然具有道教仙境（紫府、天上界）的特徵：

《西遊記》最後部分的插圖

其時如來高升蓮座……一時間天樂遙聞，仙音響亮，滿空中祥光疊疊，瑞氣重重，諸佛畢集，參見了如來。

從插圖本《西遊記》（《李卓吾先生原評西遊記》、《新刻出像古本西遊記證道書》等）中所附畫面看，如來佛與其他衆佛頭上都有光環輝映，身後周圍則是一片濛濛雲氣。在中國淨土宗的信仰中，道教的紫府仙界與佛教的極樂淨土被混合一起，極樂淨土中也飄散有紫雲瑞霧。這可能是由於發想者未見過印度風景的緣故。《西遊記》也同樣如此，其中所描寫的西域異國風土情景有著明顯的道教影響痕跡，並且可以說最典型地反映了中國風土雲霧瀰漫的特點。在這個意義上也許可以說，《西遊記》是只能產生於中國、最具中國特色的小說。

第九章　山水畫中雲霧的意味

山水畫的特異性

中國的山水畫對於熟悉它的日本人來說，並不那麼奇特。但是對於看慣了油畫的西方人來說，卻無疑完全是別一種藝術。這種畫不用布，而只用紙絹；也不入匾額，而只作裱裝而垂掛鑑賞。雖然它也有畫料，但是通常重視的卻主要是水墨的特殊技法。這些差異還只是繪畫用具與材料方面的，更令人感到奇特的是，它所表現的山水風景也與別國的同類題材繪畫大異其趣。

中國山水畫通常表現的是高聳入雲的山峯、植根於斷崖絕壁上的古松老木、雲霧濛濛的深山幽谷，或者是一片不知何方的田野，其上點綴著村舍、鷄鴨牛羊和竹林小溪，遠處則又隱約可見雲山霧霞。外國人初次看到這種畫一定會暗暗感到奇怪：中國的風景真是這樣嗎？

風景畫有「自然之子」之譽，一般地說，任何國家的風景畫都當是本地區自然風光的寫照。例如西方的風景畫乍一看都是同一面貌，但是將不同地域的風景畫稍作相互比較，即使並非專家，亦不難看出其間的各自特徵。這是因爲西洋的風景畫通常都是十分講究寫實的。中國的山水畫卻總使人感到有某種非現實的傾向，其中的風景與他國的風景畫所表現的迥然不同：空間伸展於一片蒼茫之中，一切都顯得朦朦朧朧，輪廓不清。因此異國的觀賞者會很自然地產生疑問，這種風景果真是現實寫照嗎？

實景與虛景

中國山水畫所表現的究竟是實景抑或虛景呢？美術史家們一般都認爲，從總體上講，中國山水畫是像西方風景畫一樣寫實的。例如美術史家奧村伊九良在《古拙愁眉》（みすず書房，一九八二年）中寫道：

> 中國山水畫家們自古以來便主張寫實，例如董其昌常言：董源畫江南之山，米友仁畫鎮江景，馬遠、夏珪畫杭州景，黃子久畫常熟景，李唐與趙孟頫所畫也各有實境。李思訓所畫似乎難辨何處，但有人認為可能是海外的山。

此外，著名的旅行家、評論家森本哲郎也曾說：

> 山水畫是中國畫的真髓所在，也是中國人審美觀的獨特發現之結果。這種畫並非中國畫家們隨意想像和信手塗成，而完全是認真摹寫現實山水景觀的結果。我曾因這一發現而深感驚訝。（前出《中國幻想行》）

他還談到，在中國旅行愈久，這種對山水畫的真實感就愈强。從這些不同角度的論說中可見，無論是美術史家、旅行家，都認爲中國的實際山水與山水畫中所表現的是十分近似的。實際上中國古代畫論家們自己也是如此認爲的。

詩、畫與風景的一致

例如在宋代以後的詩中常有以畫景比喻風景的描寫，這種描寫在無意中反映出對山水畫寫實性的肯定。北宋詩人黃庭堅（一〇四五～一一〇五）曾吟云：「天開圖畫即江山。」（《王厚頌》第二首）、「山隨宴坐畫圖出」（〈題胡逸老致虛庵〉），這兩句詩顯然是將山水比喻爲圖畫。南宋的洪炎（十一～十二世紀）也有詩云：「有逢即畫無非筆，所見皆詩本不言。」（〈四月二十三日晚同太沖表之公實野步〉），其中將眼前所見所遇都視爲無筆之畫、無聲之詩。又北宋的劉敞（一〇一九～一〇六八）曾以「淺深山色高低樹，一片江南水墨圖」（〈微雨登城〉）來描寫他在微雨中登城樓所見的風景。又南宋陸游詠散步所見「樊川詩句營丘畫，盡在先生拄杖邊」（〈舍北晚眺〉），詠旅途所見「舟行十里畫屏上，身在四山紅雨中」（〈出遊〉），前句中的「畫屏」便是比喻乘舟在江面上所看到的風景。又清代紀昀（一七二四～一八〇五）在遊山水勝地富春山、嚴陵等地時曾吟「煙水蕭疏總畫圖，若非米老定倪迂」（〈富春至嚴陵山水甚佳〉）。其中「米老」指米芾，「倪迂」指倪瓚（兩位皆著名山水畫家）。這類例子不勝枚舉，從中可清楚地看到，中國古代詩人們常以畫喻景，他們認爲有魅力的山水風景是與山水畫的表現相似的。

山水畫中反映的風土特色

然而，山水畫的寫實畢竟與照相機的攝影不同，中國人自身在觀賞它的時候，也時有某種幻而不真的感覺。例如明代楊循吉（一四五六～一五四四）曾說：「山之曉多白雲，滃滃然彌亙巖谷，類飛絮縈繞間露，清巒出其上。畫家所作，初疑以為幻設，至是始悟其真有之也。」（《居山雜誌·事勝第八》）可見對山水畫的寫實性抱有疑問的人確實並非没有。但是中國的山水畫畢竟並非虛構之作，至少可以說，它的寫實性不亞於其他國家的風景畫。正如從其他國家的風景畫中我們能夠看出該國風景的面貌一樣，從中國山水畫中我們也能感受到中國山水的特異姿容。

由此我們也不難理解，寫實而非虛構性質的中國山水畫，卻總是被表現得雲霧繚繞、輪廓不清和朦朧隱約。原因在於中國的山巒本身通常是霧靄重重，大氣中又因塵埃瀰漫而朦朧不清，由此其間的各種物象也被顯得若隱若現，渾然一體。蘇軾〈書王定國所藏煙江疊嶂圖〉詩云：「山耶雲耶遠莫知，煙空雲散山依然。」這種景觀可以說在中國到處可見。奧村在《古拙愁眉》中則寫道：

> 峻險的廬山峯巒浮現於白雲之上，這種景色常見於中國山水畫的構圖中。巫山、峨眉山、黃山等長江流域的許多風景勝地也以多霧著稱，宋元山水畫中講究煙雲變幻的趣味無疑根植於此。

雖然與中國山水畫意境相應的自然風景並非僅僅限於長江流域一帶，而是幾乎各處都有，但是由上分析足可見，中國山水畫特殊風格之所以得以產生形成的原因，乃在於中國山水自然本身所具有的特殊性。

與風土特性相適應的水墨畫

世界上其他國家的繪畫藝術一般都以彩色畫爲主，因此可以說，中國所產生的無彩水墨畫對於世界繪畫藝術具有特殊意義。水墨畫是中國繪畫藝術的特色所在。美術史家矢代幸雄（一八九〇～一九七五）曾經分析過中國水墨畫的產生原因：「這首先是因為中國在很早以前的古代便發明了十分適宜於水墨畫的墨，以及能使墨色產生奇妙變化的絹紙，此外又有能夠借助於墨汁而進行種種藝術表現的毛筆。」（《水墨畫》，岩波新書，一九六九）然而在我看來原因卻不僅僅在此。更重要的原因恐怕在於與山水畫題材恰相適宜的中國山水自然背景。因爲水墨畫的特點是，在繪畫的色彩、線及明暗三要素中，它略去色彩而強調線與明暗的運用，以此來含蓄表現精神。矢代幸雄認爲，這種特殊繪畫藝術崇尚的是明暗、濃淡、暈染、翳影、滲溢等技巧（《水墨畫》），而這些技巧正與中國山水自然因雲霧塵埃而顯得朦朧和輪廓不清的特點相適合。

歐洲的中西部因受西面海洋風的影響，空氣濕度高。特別是在冬天，天空常因多雲而顯得暗鬱，因而在以該地自然風光爲題材的荷蘭及比利時畫家們的作品中，厚重的雲層常常沉及地表，以至觀賞者一看便知道畫中所表現的是何地風景。然而即使在這樣的畫中，被表現對象的輪廓卻仍然是十分清晰的，天空與地表的區別也鮮明可辨。因此可以說，歐洲的風景畫除了印象派當另作別論外，畫中所描繪的對象一般都無朦朧感可言。中國的山水畫則由於表現對象所處大氣的混沌特點，山川樹木都顯得輪廓不明，遠山深谷的景色則通常因雲霧而呈若有似無之狀，所謂「煙巒雲岫」詞語便是對這種境界的描寫。可以說中國山水畫中的一切都是處於朦朧霧色之中。正因爲中國的山水畫有這樣一種特殊的題材背景，因而諸如「暈色」、「滲染」這類技法也就理所當然地成爲表現朦朧境界的最合宜方式。據說古希臘人曾經從幾何學均衡與比例的精確法則中發現了美的形態，而中國人卻是在微妙的無秩序中發現了美的形態。但是在繪畫領域裏，中國的藝術家並沒有有意地追求變形表現，而是因其特殊的自然風土背景，自然地予以表現而已。倘若以易於滲染的水墨畫技法去表現輪廓清晰的西歐自然，無疑會有不倫不類的效果。同樣，曾經受到乾隆皇帝（一七三五～一七九五在位）青睞厚待的意大利畫家郎世寧（卡斯特里奧寧，一六八八～一七六六），曾以油畫樣式來表現中國風景，卻總使人感到不那麼和諧順眼，原因恐怕就在於他所繪景物的輪廓過於清晰分明吧。

餘白的意義

中國繪畫十分重視「餘白」、「空間」的意義，其原因也能從中國自然空間的朦朧性方面得到解釋。在西方的自然環境中，天空、雲彩、樹木、建築物、地平線以及水平線等種種物象都各有鮮明的色彩，因而即使是空中的雲也必須以色彩來清晰表現。而在中國，空間卻因塵埃、煙嵐等而呈一片蒼茫朦朧，各種物象的顏色也都因此而消融模糊。這種狀況正與素色的紙與絹一類繪畫材料相適宜，只要稍以淡墨渲染便足以表現，甚至不著任何墨色也可以。因而畫中的「餘白」並不會使觀賞者產生某種欠缺感，卻反而會覺得其中蘊含有某種境界。清代的張式（?～一八五〇）《畫譚》中說：「煙雲渲染，為畫中流行之氣。故曰空白，非空紙。空白即畫也。」「三尺紙畫一尺畫，餘紙雖無畫，卻有畫在。」另一位畫論家孔衍栻（十七～十八世紀）也有同樣的論述：「有墨畫處，此實筆也。無墨畫處以雲氣襯，此虛中之實也。」（《石村畫訣》）。許多論者認爲，中國畫中「餘白」、「空間」等技法的產生原因與老莊的虛無哲學和禪宗思想以及由此而形成的特殊審美趣味有關，但是我以爲除此以外，中國自然空間的朦朧性也是同樣重要的原因。

繪畫中雲霧的發現

以上所敘表明，中國山水畫及其特性在很大程度上緣於中國特異的自然風土，而標誌這種風土之特性的則無疑是雲霧。雲霧之於山水畫的重要意義，無論如何强調都不過分。那麼在中國繪畫史上，雲霧是何時被發現的呢？人們可能會以爲在很早時候畫家們便已發現雲霧之於風景畫的價值了，而事實上卻並非如此。中國繪畫中對雲霧美的發現要比詩歌中對雲霧美的發現晚數百年。在山水詩剛剛興起的六朝時代，山水畫似乎也已產生。但是其時山水畫的具體狀況卻都已很難了解，並且因當時尚未用水墨作畫具，所作的畫無疑與後世那種霧靄朦朧的山水畫很不相同。要言之，中國風景畫中對雲霧的發現當是與中唐以後水墨畫、文人畫、南畫的勃興相一致的。

所謂水墨畫指的是以墨爲主要色料、而與著色（彩色）畫相對區別的繪畫藝術；所謂文人畫則是在畫筆技法上有所特點，而與專門畫家（畫工）的畫苑畫相對區別的繪畫；又所謂的南畫，則是以畫家出身地的不同，而與北宗畫（北畫）相區別的畫派。這三種名稱雖各不相同，但大體而言，所指卻是同一對象。中國繪畫對雲霧的發現與水墨畫、文人畫、南畫的發生密切相關。換言之，在這些畫種的勃興過程中，雲霧具有相當重要的作用。這裏我們且首先考察一下中國風景畫描寫雲霧的發展過程與水墨畫的關係。

水墨畫的產生與興盛

關於水墨畫產生的時代有種種不同說法。文人畫與南畫曾經被認爲興起於盛唐的王維，但這種說法也已被普遍認爲不可信。據說王維善於以墨筆來表現雲霧靄靄的山水，這種畫風與當時北宗畫派之祖李思訓（六五一～七一六）的色彩鮮麗的山水畫形成鮮明對照。但是實際上即使王維確以水墨爲畫，也僅僅只是「以雲山爲墨戲」（《畫禪室隨筆・卷二》，董其昌引米元暉題詞）而已。一般的看法，中國繪畫史上真正形成以粗放筆致與濃淡墨色爲特徵的山水畫，大約始於中唐時期。在這個時期，「畫面中出現了將山水與瀰漫於空間的雲霧作融合一體描寫的三維自然景觀」（中村茂夫《中國畫論的展開》，同朋舍出版，一九六五）。初期的水墨山水畫家有韋偃（約八世紀？）、張璪（生歿年不詳）、項容（八世紀後半？）、孫位（九世紀後半）、王洽（又名墨、默。？～八〇五）等。其中王洽曾被作如下的記載：

> 王墨者，不知何許人，亦不知其名。善潑墨畫山水，時人故謂之王墨……凡欲畫圖障，先飲。醺酣之後，即以墨潑。或笑或吟，腳蹙手抹，或揮或掃，或淡或濃，隨其

形狀，為山為石，為雲為水。應手隨意，倏若造化。圖出雲霞，染成風雨，宛若神巧。俯觀不見其墨汚之跡，皆謂之奇異也。（《唐朝名畫錄》）

這些初期的水墨山水畫家們以「潑墨」、「破墨」（以淡墨刷畫面）、「吹雲」（吹水墨而畫）等新的表現技法製作風景山水，由此而將中國自然空間中搖曳變幻的雲霧煙靄迅速引進了山水畫中。

這種堪稱逸格的水墨山水畫在中國當時畫壇中異軍突起，給人以獨特的美感魅力。至五代（九〇七～九六〇）迄北宋初期，逐漸產生了以荊浩（九～十世紀）、關同（生歿年不詳）、李成（九一九～九六七？）、范寬（十～十一世紀）爲代表的北方水墨山水畫派和以董源（？～九六二）、巨然（十世紀後半）爲代表的南方水墨山水畫派，從而使這種新的繪畫樣式進入了全盛時期。在這些畫家筆下，水墨技法進一步發展，畫面中的用墨及雲霧煙靄所占比例也日益增加。例如流傳下來的荊浩「匡廬圖」、李成「茂林遠岫圖」、巨然「層巖叢樹圖」等畫，其中的山水都被以水墨渲染技法表現的煙嵐所掩隱。這種輪廓曖昧的水墨畫對於表現江南霧靄朦朧的自然景色，堪稱最相宜的形式。

郭熙與《林泉高致》

繼上述一些著名山水畫家以後而出現的另一位著名畫家是北宋中期的郭熙。郭熙是神宗皇帝（一〇六七～一〇八五在位）時代御畫院的畫師，他的創作與畫論將北宋的水墨山水畫推到了一個新的高峯。流傳於今的他的《溪山秋霞圖》、《早春圖》明顯地表現出卓越的淡墨技巧。奇異的山容、險峻的峯巒、溪谷中的湧泉等，這一切畫面中景物都隱約於雲霧之中，這種獨特的畫風因此而獲「亂雲皴」、「石似雲根」等評語。然而較之實際作品，我們更容易了解的是他的畫論著作《林泉高致》。下面我們且看一下他在這一書中對雲霧所發的議論。

《林泉高致》是一部談水墨山水畫創作經驗的書，但是由於它的作者是一位深得山水自然美真髓的畫家，因而即使作爲一部自然論或文學論的書來讀也頗有價值。其中有如下一段論述：

> 真山水之雲氣，四時不同。春融怡，夏蓊鬱，秋疏薄，冬黯淡。畫見其大象而不為斬刻之形，則雲氣之態度活矣。真山水之煙嵐，四時不同。春山淡冶而如笑，夏山蒼翠而如滴，秋山明淨而如妝，冬山慘淡而如睡。畫見其大意，而不為刻畫之跡，則煙嵐

之景象正矣。（〈山水訓〉）

從這段文字可以看出，郭熙對雲氣霧嵐曾作過極深入細緻的觀察。對山水畫創作而言，山水的形勢和所處的氣候情境十分重要，而這一切又因朝暮與四季而多有變幻。雲霧有其自己的活動方式，並且與人一樣具有表情。因此只有在準確把握它的種種姿態氛圍後，才有可能在畫中生動表現。

郭熙畫論中曾提出被稱爲「三遠」（高遠、深遠、平遠）的獨特遠近法。這「三遠」的劃分依據的是眺望山景時的不同視點高度。簡而言之，仰望山時爲「高遠」、沿水平線望山時爲「深遠」，俯瞰山時則爲「平遠」。其中「平遠」的視點最能表現雲霧效果，這是因爲從山丘上眺望遠處山巒時，眼底下的廣闊平原也涵包於雲霧之中，因而又別有一番浩渺之趣。正如「平遠之意，沖融而縹縹緲緲」所言，在描寫「平遠山水」、「平遠煙林」時，不能無視這種特點。除此以外，《林泉高致》還另有許多强調雲霧重要性的論述。如：

山欲高，盡出之則不高，煙霞鎖其腰則高矣。水欲遠，盡出之則不遠，掩映斷其脈則遠矣。

> 山以水為血脈，以草木為毛髮，以煙雲為神彩，故山得水而活，得草木而華，得煙雲而秀媚。
>
> 水不潺湲則謂之死水，雲不自在則謂之凍雲，山無明晦則謂之無日影，山無隱見則謂之無煙靄……山，煙靄到處隱，煙靄不到處見。山因煙靄之常態也。隱見不分焉，故曰無煙靄。（以上皆見〈山水訓〉）

此外尚有不少很有見解的論說，然而從以上所引，我們已足可見出郭熙對雲霧的重視之甚。在他看來，雲霧無疑是山水畫不可或缺的表現對象。

米芾父子與「米法山水」

以上所敘表明，出現於中唐時期的水墨山水畫經五代與宋初的興旺發展，至北宋時的郭熙，已臻於對創作進行理論總結的階段。但是水墨山水畫的發展並沒有至此停止，到北宋末期，它又被推進到一個新的境界，其時的代表者便是著名的米芾、米友仁父子。米氏父子的畫被稱爲「米法山水」、「米氏雲山」，其特徵便是畫面充滿了雲霧煙靄。米氏父子不僅認爲雲霧爲山水畫不可或缺的景致，甚至還將之視爲山水美的首要條件。由此，他們在創作中將水墨山水畫發展到了極致。

流傳下來的米芾所作之畫極少，但是董其昌《畫禪室隨筆．畫眼》中曾有這樣的評論：「老米之畫，難於渾厚。但用淡墨、濃墨、潑墨、破墨、積墨、焦墨，盡得之矣。」可見其所用的墨法豐富多樣，由此而開拓了雲霧變幻、氣韻生動的特殊境界。就米芾之子米友仁而言，美國克利夫蘭(Cleveland)美術館藏有他的《雲山圖卷》等作品，後人評他的畫風說：「點滴雲煙，草草而成，而不失天真。其風氣肖乃翁也。」（鄧椿《畫繼》）可見他繼承的是父親米芾的衣缽，擅長表現煙雲濛濛、恍惚迷離的山水。米友仁在創作這種風格的山水畫時所用的不僅是筆，而且還有「紙筋」（濕紙的纖維）、「蔗滓」（甘蔗的渣）、蓮房（蓮子的外皮）等。此外他還不喜在紙上用膠礬，以求更充分地發揮水墨的渲染效果（《洞天清祿集》）。

米芾與米友仁是在何地畫這種水墨山水的呢？對此董其昌在《畫眼》中曾有所言及：

> 朝起看雲氣變幻，可收入筆端。吾嘗行洞庭湖，推篷曠望，儼然米家墨戲。又米敷文居京口之北固諸山，與海門連亙，取其境為瀟湘白雲卷。

米友仁的《瀟湘奇觀圖》（部分。北京故宮博物院藏）

可見大致而言。他們是在洞庭湖和京口三山（北固山、京山、焦山）等江南一帶取風景作畫的。長江下游一帶的山水樹木等景色常常是雲遮霧障，呈現出浩渺幽玄的意境，他們在此種環境中居住，所作山水畫也就自然會反映出該地區特點。總之，由於他們的繪畫極其講究雲霧，因而被後人概稱爲「米法山水」、「米氏雲山」，甚至有「見模糊雲樹，即命爲米元章」之説（《五雜組・卷七》）。他們的畫風對後世產生了深刻影響。

韓拙與大氣遠近法

米氏父子的創作實踐將水墨山水畫推到了極致，而恰巧與此同時，在畫論領域中也出現了反映這種技法的理論。這就是北宋末期徽宗宮廷畫院中的韓拙所提出的「大氣遠近法」。郭熙曾提出過

「三遠」說，而韓拙的「大氣遠近法」則是針對「三遠」說而發的新論。在〈論山〉（《山水純全集》）中他寫道：

> 郭氏曰：山有三遠。自山下而仰山上，背後有淡山者，謂之高遠；自前山而窺後山者，謂之深遠；自近山至遠山，謂之平遠。愚又論三遠者，有山根邊岸水波亙望而遙，謂之闊遠；有野霧瞑漠、野水隔而彷彿不見者，謂之迷遠；景物至絕而微茫縹緲者，謂之幽遠。

郭熙的「三遠」說是以觀察者所處不同位置或觀察角度爲基礎的，而韓拙的「三遠」說則著重的是雲霧的不同景象。可以說後者更具有鮮明的中國特色。中村茂夫《中國畫論的展開》中評論道：

> 郭熙所提出的「三遠」可謂視覺遠近法；與此相對，韓拙所提出的則可謂大氣遠近法，這堪稱為新論。該論以雲霧為媒介，根據景色中雲霧的程度及其與景物的結合而劃分三種境界。具體而言，「闊遠」境界中的雲霧較疏淡，並且它常與一望無際的江

河背景結合在一起。「迷遠」境界中的雲霧則較濃厚，但是曠野及江河上的各種物象仍依稀可辨。至「幽遠」境界，則種種景物已被雲霧遮掩難見，空間中只呈現出一派朦朧縹緲景色而已。

中村茂夫還指出：韓拙之所以能提出這種理論，很可能是因爲受到當時畫風的影響。當時宣和畫院中的米芾父子正領銜畫壇，並且正是雲霧迷濛的畫風流行之際。總之，韓拙的「三遠」論表明中國山水畫領域中對雲霧的認識已極其充分與自覺。韓拙又說過如下一段話：

凡畫全景山者，山重疊覆壓，咫尺重深，以近次遠，或由下增疊，分布相輔，以卑次尊，各有順序。又不可太實，仍要嵐霧鎖映，林木遮藏，不可露體。如人無衣，乃窮山也。且山者以林木為衣裳，以草木為毛髮，以煙霞為神采，以景物為妝飾，以水源為血脈，以嵐霧為氣象。

在這裏，韓拙稱沒有雲霧掩遮的山爲「窮山」，這種看法頗爲有趣。但是如果考慮到中國山巒缺乏綠山覆蓋而多呈磽确之形的話，那麼這種看法也就是很自然的了。韓拙另有一篇〈論雲霞烟霧靄嵐光風雨雪〉文章（見《山水純全集》），其中詳細描敍了雲霧的種種姿形以及相應的表現技巧和審美價值。這一切都是韓拙細心觀察的結果，而這種觀察的指導思想則無疑是認爲雲霧之於山水畫有特殊價值。限於篇幅，這裏不再贅引。

後世的山水畫家與雲霧

由上所述可見，中國水墨山水繪畫史中對雲霧美的探索追求，至北宋末期已由米芾父子的創作與韓拙的畫論而達到極點。自此以後，這種認識在山水畫領域中日益普遍，並且逐漸成爲畫家們表現山水的通則。無論是「米法山水」的摹仿追隨者，抑或是批評離異者，都必不可免地要重視雲霧與山水表現之關係的問題，並據此而發揮自己的獨創性。具體敍述後世畫家們在這方面的努力需要相當篇幅，這裏且簡約地例舉一些相關的畫家：南宋的著名院體畫家李唐（十一～十二世紀）、馬遠（十二～十三世紀）、夏珪（十二～十三世紀）、馬麟（十二～十三世紀），此外還有對日本繪畫產生很大影響的牧谿（十三世紀後半）、善以墨來表現光與影的王澗（生歿年不詳）、師法米家父子畫風的龔開（一二二二～？）等等，所有這些畫家都以各自的技巧風格來處理與表現雲霧，並留下了遺世佳作。降至元代（一二七一～一三六八），又有師法米氏父子而又被與他們並列而稱的高克恭（一二四八～一三一〇），以及他們的追隨者方從義（方壺，十四世紀後半）等畫家。對雲霧美的追求可謂持續不絕。據傳著名的《富春山居圖》之作者黃公望（字子久，又名太痴，一二六九～一三五四）每臨執筆作畫，總要「登高樓，望雲霞出沒以挹其勝」（《無聲詩史・卷一》）。由此可見，雲霧之於山水畫的重要性毫無減弱之勢。

後世畫論中對雲霧的重視

在繪畫領域中，雲霧也始終被作爲山水畫表現的最重要問題之一而反覆論及。這些論述涉及到雲霧的意義、種類、地區差別以及描寫技巧與效果，可謂紛紜多歧，但是其間共通的看法是，都强調雲霧之於山水畫的重要性。如明末的董其昌《畫禪室隨筆》中這樣寫道：

> 畫家之妙，全在雲煙變滅中。米虎兒謂王維畫見之最多，皆如刻畫，不足學也。惟以雲山為墨戲。此語雖似過正，然山水中當著意煙雲，不可用粉染，當以墨漬出。令如氣蒸，冉冉欲墮，乃可稱生動之韻。（〈畫訣〉）

又清代華翼綸（十九世紀）《畫說》中寫道：

> 山林有煙靄，無之便是俗筆。而煙靄非但由烘染勾勒而得其形似也，貴求其神韻焉。蓋用筆得法，自然有煙靄……春山之雲明媚，秋山之雲潔淨，夏山之雲蒸蔚，冬山之雲寒凝。煙則有寒煖深淺，而無時無地不有。木樹一枝一葉必有煙氣，多則必有積煙。煙者，山之氣也，林之氣也。有氣則生，無氣則死。善畫者著意於煙雲，藝進乎道矣。又能著意於非煙之煙，非雲之雲，則更神妙矣。

「氣韻生動」即雲霧

在有關雲霧美的論述中，最富有意味的是「氣韻生動」這一命題。「氣韻生動」是南齊謝赫（五世紀後半）在《古畫品錄》序中提出的繪畫六法之一，這六法分別爲：氣韻生動、骨法用筆、應物象形、隨類賦形、經營位置、傳移摹寫。作爲六法之首的「氣韻生動」强調的是某種生命感、律動感，它所針對的是人與動物等有生命的表現對象而言。但是到了後世，卻被泛用於無生命對象，並且在山水畫中尤受重視。由此，山水畫中的雲霧也就終於被視爲「氣韻生動」了。

董其昌的「山川山雲圖」

這種看法可能始於前引董其昌的《畫禪室隨筆》中，明末的莫是龍（？～一五八七）《畫說》中也有大致類似的說法，總之，在明清時代的畫論中時有所見。例如：

氣韻生動與煙潤不同。世人妄指煙潤為生動，殊為可笑。（明末唐志契《繪事微言・氣韻生動》）

畫山水貴乎氣韻，氣韻者非雲煙霧靄也，是天地間真氣……故畫山水，以氣韻為先也。（清・唐岱《繪事發微・氣韻》）

山水之有氣韻，張瓜田亦詳論之矣。而人往往以煙雲當之。不知煙雲猶可跡求也，氣

韻不可跡求也。（清・李修易《小蓬萊閣畫鑑》）

上引論述都强調將氣韻生動等同於雲霧的看法只是世俗陋見而已。但是從中可以反觀，當時的一般認識中，氣韻生動與雲霧描寫是同一回事。即便承認這種看法未得繪畫之真諦，它出現的事實本身，便足以表明雲霧在中國山水畫中是何等地被看重。

第十章　中國建築中的飛檐及其起因

中國建築的特色

在建築美學中有日本式建築、中國式建築、西洋式建築等名稱，這些名稱表明建築的風格式樣也與其各自所屬的文化風土密切相關。例如西方中世紀以後典型的寺院建築是哥德式建築，它的尖塔給人以高聳入天的感覺。這種對垂直線的極度强調意味著基督徒對天上之神的希求、祈禱與信念。任何人眺望這種建築時，都會有這種感覺。西洋世界中的大氣澄明，因而想像遙遠的天空有美妙天國存在，並且祈望能夠進入天國，這一切都是很自然的。在這種環境中產生哥德式的尖塔建築也就很容易理解。

就中國式的建築而言，正如有學者指出「它是一種製作屋頂的藝術」那樣，其特色在於屋頂的構形上。屋基、屋身、屋頂是建築的三大部分，而中國建築最重視的是屋頂部分的設計。自古以來，曾產生過許多不同的屋頂樣式。但是就傳統的中國建築而言，其屋頂樣式最

岳陽樓

顯著的特色是飛檐。這種飛檐樣式迄今仍不斷引起建築學家們的興趣。其他國家的建築物之頂通常是直線或凸曲線形的，但是中國的傳統建築屋頂卻表現爲凹曲線，並且時常奇特地上翹。外國的建築史家無疑會對此產生好奇。例如日本的建築史家伊東忠太曾指出：「（中國）普通的民宅建築也有直線屋頂，但高級的官邸、廟祠宮殿等，則幾乎全是曲線屋頂。這種現象在全世界都堪稱珍奇。」（《東洋建築研究》上，龍吟社，一九三六年）英國著名科學史家J·李約瑟也有這樣的評論：「更值得注意的是，許多外國人在中國一定產生過這樣的疑問，這就是，最能表現中國建築審美特徵的飛檐，其本質是什麼？它又是緣何而產生的呢？」（《中國科學與文明·第十卷·土木工學》，思索社，一九七九年）

飛檐的產生

作爲中國式建築獨特性標誌的飛檐究竟如何產生的呢?它有何實際效用?或者有何寓意?這些無疑是解答中國建築文化本質的重要問題。然而對這些問題卻迄今尚無公認的解釋。儘管飛檐自後漢時代便已出現,並且此後又一直延續不絕,但是無論是文獻記載或考古發現,都沒有可直接解答這一現象的證據。

日本建築學家田中淡認爲:

> 在談論中國建築中獨特的飛檐問題時,人們常常過分重視被誇張了的飛檐形態。然而這種飛檐形式很多不過是從並非古遠的實際建築物所得的直觀印象而已。我以為,較之飛檐,更重要而有普遍性的原因恐怕是在於中國特有的屋頂建築。(《有關中國建築中飛檐的故事》)

確實,從中國清朝時期南方建築中飛檐特點尤爲明顯這一事實看,人們將它視爲中國建築特殊性之所在或許是有些過分的。但是飛檐形式的建築在中國無疑有二千年的歷史,因而我們很難迴避它何以會長期受歡迎而持續存在這一問題。以前這一問題僅受到外國學者的關注，而現代以來中國學者也開始探究它的原因了。

有關飛檐起源的各種解釋

關於飛檐的成因以及它所具有的寓意有種種解釋。據李允鉌《華夏意匠——中國古典建築設計原理分析》（香港廣角鏡出版社，一九八二年）書所列，它們大致有如下幾種說法：

㈠帳棚說

該說認爲，中國人遠古時代在亞細亞及塞北的沙漠地區過游牧生活，住的是帳棚。曲線形的飛檐便是由帳棚形狀發展而來——與此相反的觀點認爲，飛檐建築北方少而南方多。因而與其說它由北而傳之於南，勿寧說是正相反，即由南而傳至北。

㈡構造起源說

該說認爲，在一套建築中，主屋的頂斜度較大，與它相接的廂房頂斜度稍緩，至屋檐部分斜度更小。這樣，從主屋頂到屋檐便有三條折線，倘將此三條折線美化而連起來，便形成了凹形曲線——但是，這種構造的建築世界各地都有，而其他國家中的這類建築，屋頂仍保持直的折線型，爲什麼唯獨中國建築會發展爲曲線形呢？問題仍需要解釋。

㈢喜瑪拉亞杉樹影響說

該說認爲，喜瑪拉亞杉樹的針葉下垂呈人字形，中國建築的凹曲線屋頂仿此而來——但是相反觀點認爲，中國的這種杉樹很少，它並沒有繁茂到足以使人在屋頂建造方面產生聯想的程度。

㈣漢民族固有趣味說

該說認爲，漢民族的審美趣味歷來便傾向於曲線形態。但中國的建築基本上都爲直角形構造，並且倘若屋頂也爲直線形的話，整個建築會有堆積柴木似的笨重感覺。爲避免這些不足，屋檐的形狀便被改爲上翹狀——但是反論指出，即使是曲線，也有凹曲線與凸曲線之分。何以中國的建築頂都爲凹曲線呢？這個問題仍有待解釋。

㈤實用效果說

該說認爲，翹頂在冬天攝入的陽光最多，而在夏天攝入的陽光又最少。此外，它能減弱橫向吹來的風壓，並且又能將雨雪擋在牆基以外。此說由李約瑟提出——但是倘若考慮實際效用是飛檐建築主要原因的話，那麼普通的民宅都應取飛檐形式，而事實卻相反，飛檐更多見於宗教性建築中。此外，飛檐在建築技術上更具難度，它也不太合乎實用原則。

㈥技術缺陷說

此説認爲飛檐是因在建築時，將不整齊劃一的柱子排列在一起而形成的結果。換言之，這種凹曲線是因技術不佳而偶然造成——此説根據顯然不足。

(七)自然發生説

該説認爲，建築物的屋頂因年久而中央部下沉，由此漸漸形成凹曲線狀——但是大部分學者都已肯定，凹曲線的飛檐是有意識地設計建構的結果。

(八)竹竿説

此説認爲，中國南方使用具有彈性的竹竿造房，屋頂便沿襲了以往的飛檐形式——但是此説沒能解釋，竹竿的曲線如何會發展成爲宮殿建築的飛檐樣式。

(九)漢字字法聯想説

此説由林語堂提出——但是將飛檐的曲線與漢字書法的筆勢聯繫類推，這種想像似乎跳躍太大。

(十)鳥翼説

田中淡在前引《有關中國建築飛檐的故事》中寫道：

（中國典籍中）常常以鳥翼比喻屋頂。《詩經．小雅》部分的〈斯干〉篇便曾如此形容周宣王的宗廟：「如跂斯翼，如矢斯棘，如鳥斯革，如翬斯飛。」在漢代與六朝的賦作品中，類似的比喻描寫時有所見。如果說建築中飛檐的技法在後漢時已萌芽，而至北魏得以普遍流行的話，那麼它無疑與鳥翼的聯想有關。

但是古典文獻中用以比喻屋頂的並不僅限於鳥翼，並且即使以鳥翼寓意屋頂也應有某種特殊原因。

我的推想

以上所列有關中國建築飛檐之形成原因的解釋可謂紛紜多樣，而它們的立論也如附記所指出的那樣各有缺陷。然而，這一現象畢竟關係到中國建築文化特徵的本質，因而必須對之作出恰當的解釋。我對建築學是外行，但是在我看來，這一飛檐特徵並非僅僅是建築學本身的問題，它還與中國的思想文化關係密切。因此我想不揣冒昧地談一下自己的推想。

我的推想結論是，中國古代的亭臺樓閣、宮殿廟觀這些大建築對於一般俗世中生活的人來說具有超越性的天界或仙界的意義。也可以說，俗世中的人面對這類建築常常會產生某種特殊的感情和期望。正如前面指出的那樣，西方的哥德式建築與基督教有著密切關係，哥德式建築的高聳尖塔滿足了基督教信徒們向天上之神祈求的願望；中國建築中的飛檐也具有類似意義，它包含著中國人嚮往天界和仙界，期望能飛翔到那個世界中去的民族心理與宗教感情。

與飛檐相關的比喻

證明我上述觀點的最好方法莫過於考察中國古典文學中的有關比喻。正如前引第十說中田中淡所指出的那樣，自《詩經．小雅》中〈斯干〉開始，文學作品便有以鳥翼比喻建築物屋頂或曲線的描寫。然而據我所考察，以飛翼比喻屋頂的例子固然確實時有所見（它們通常限於鳳凰、大鵬、白雉等靈鳥之翼），但真正明確地喻指飛檐的例子卻不多。魏朝何晏（？～二四九）〈景福殿賦〉中有：「飛櫚（檐）翼以軒翥」。又《晉書．卷一三〇．赫連勃勃載記》中：「玄棟鏤槐，若騰虹之揚眉。飛檐舒咢，似翔鵬之矯翼。」

另一方面，文學作品中用以比喻飛檐的不僅有鳥翼，也有龍。如魏的韋誕（一七九～二五三）所作〈景福殿賦〉中：「伏應龍於反宇，乘流蘇以飄揚。」其中將「反宇」（翹頂）喻寫爲「應龍」（有翼之龍）的蟄伏狀。晉代陸機（二六一～三〇三）〈七徵〉中也有「聳浮柱而虬立，施飛檐以龍翔」，也是將飛檐比喻爲翔龍。

文學作品中另有一些描寫，將遠處眺望所見，或低處仰望所見的「飛宇」、「反宇」（皆飛檐之別稱）比作空中飄浮的雲，這種描寫恐怕也有某種寓意。如魏代何晏〈景福殿賦〉：「飛櫚翼以軒翥，反宇轍以高驤……遠而望之，如摛朱霞而耀天文。迫而察之，若仰崇山而戴垂雲。」同是魏代的夏侯惠（三世紀）在〈景福殿賦〉中也寫道：「高樓承雲，列觀若浮。」又晉代左思（二五〇？～三〇五？）〈詠史〉詩中也有「列宅紫宮裏，飛宇若雲浮」。

對神仙世界的憧憬

由上可知，古典作品中用以比喻飛檐的有飛翔（鳳凰、大鵬）和龍、雲等不同物象。雖然這些物象各不相同，但卻有一個重要的共同點，即它們都包含著某種向上空飛翔的意蘊。正如「若密雲之乍舉，似鵬翼之中垂」（北齊邢邵〈新宮賦〉）所比喻的那樣，這類描寫形容反映出超脫塵俗和翔升雲天的願望，它們讚美的並非只是建築物的高峻與雄威，而更著重的是某種飛翔感與上升感。

這種描寫爲什麼要突出飛翔感與上升感呢？這是因爲讚頌者們並不將這些建築視爲人世間事物，而主要視之爲天界、仙界或與之接近的存在之象徵，並藉此而寄託自己向天界與仙界飛翔上升的願望。與鳳凰、龍、雲等意象相關的飛檐起的正是這種象徵作用。換言之，飛檐與西方哥德式建築中的尖塔具有類似的宗教意義。

從禮制建築到宗教建築

我這種看法的證據還在於，中國大建築物（諸如宮殿樓閣廟宇觀亭等）常常與天界或仙界的意象觀念有難分難解的關係。中國的建築最初以儒家觀念爲基礎的「禮制建築」爲主流，諸如宗廟、社稷、明堂、辟雍、學校、鐘樓等都與儒家觀念有關；接著又出現以道教（神仙思想）、佛教思想爲基礎的「宗教建築」，諸如道觀、佛寺、廟宇、教堂等。因此許多建築物都具有某種程度的神秘性。例如「宮」最初指居室、房屋，「殿」指較大的房屋（堂屋），但是秦漢以後，它們便大致成爲皇宮建築的專用語了。「殿」還被用以指神廟的主體部分，從而又增添了其高貴、莊嚴、神聖的意味。「廟」初指住宅居室的廳堂，以後轉指宗教建築的廟宇。古代的廟宇不僅有祖廟（祭祖先的廟），而且又有爲特殊人物以及神仙而立的祠廟，因而它的神秘性也十分濃厚。「亭」原意爲人停集之處，它被用以指路旁爲旅人而建的休憩所，亦即驛亭、候館之類。但是後來引申指園林建築中供遊客觀賞風景的建築，其超俗的意味也因此而增强。「觀」初意爲指能四面眺望的建築，亦即指觀景臺之類。

晉代樓臺一類的建築俗稱爲「觀」，此後道教的廟宇也可稱「觀」，最後成爲特指道教伽藍（道觀）的名稱。「樓」早先的意思指臺榭一類建築，漢代以後始指樓房，並且成爲與仙人關係頗深的建築名。

神仙崇拜與大宮殿

從以上簡述的一些建築形式的發展狀況可見，古代中國建築總的發展趨勢是由禮制建築而轉變爲宗教性建築。這一轉變過程受漢武帝之類的大皇帝影響頗大。中國歷史上的漢武帝等曾熱中於神仙崇拜，建造了許多有天界意味和超俗風格的宮殿式建築。班固〈東都賦〉中曾言及漢武帝在長安建造建章宮、甘泉宮之事：「建章、甘泉，館御列仙。」其意圖便是模仿天上太一神的紫宮（紫微宮），以招引天神。《史記》中〈孝武本紀〉與〈封禪書〉也載有漢武帝建造觀的事：

> 公孫卿曰：「仙人可見，而上往常遽，以故不見。今陛下可為觀，如緱氏城，置脯棗，神人宜可致。且仙人好樓居。」於是上令長安則作蜚廉桂觀，甘泉則作益延壽觀，使卿持節設具而候神人。乃作通天臺，置祠具其下，將招來神仙之屬。

上面記載中「仙人好樓居」以後成爲成語，「樓」由此也與觀、臺等同樣，與神仙關係密切起來。武帝所建造的建章宮、甘泉宮等建築被許多賦作品描繪、歌頌和渲染，從而近乎成爲後世建築的典範。《東觀漢記・卷二一》記載，漢代的公孫述（？～三六）曾受符瑞而建十層紅樓，這也反映出建築與神仙思想的關係。就臺而言，《漢書・郊祀志下》記載王莽（前四五～後二三）在新朝二年（公元十年）時，曾採納方士建言，在宮中建八風臺以招神仙。六世紀初北魏的酈道元（？～五二七）所著《水經注・卷十》「濁漳水」部分中，描述了三國時曹操所在都城鄴（河南省）中銅雀臺等許多豪大壯觀的宮殿建築狀貌：

> 其（鄴）城東西七里，南北五里，飾表以塼，百步一樓。凡諸宮殿，門臺隅雉，皆加觀榭。層甍反宇，飛檐拂雲，圖以丹青，色以輕素。當其全盛之時，去鄴六七十里。遠望苕亭，巍若仙居。

這樣的例證並非僅此所舉幾個，但從中我們已不難看出，中國建築大致是從漢代開始，因接受道教及神仙思想的影響而日趨宗教化的。也正因此，這些建築便總會給人以某種飄然升騰的感覺。「雲棟疑飛雨，風窗似望仙」（陳代、張正見〈重陽殿成金石會竟上〉詩）、

「風樓臨廣路，仙掌入煙霞」（陳，顧野王〈長安道〉），這類詩句中也反映出對這些宗教建築物的特殊感覺。有些建築還直接以具有求仙意義的詞取名。

仙宮的模仿

以上所敘表明，中國古典建築式樣中鮮明地反映出中國人嚮往仙界、渴望成爲神仙的心理。那麼在中國人的想像中，仙界的宮殿究竟是什麼形狀呢？在古典文獻中很難找到對仙界宮殿飛檐的確切描寫，但是《列子》中〈周穆王〉篇有如下一段記述：

化人（幻化人）之宮，構以金銀，絡以珠玉，出雲雨之上，而不知下之據，望之若屯雲焉。耳目所觀聽，鼻口所納嘗，皆非人間之有。王實以為清都紫微，鈞天廣樂，帝之所居。

天帝所居宮闕被想像描寫爲雲遮霧障，遠離人間。《拾遺記·卷十·崑崙山》也寫道：

崑崙山有昆陵之地。其高出日月之上。山有九層，每層相去萬里。有雲色，從下望之，如城闕之象。四面有風，羣仙常駕龍乘鶴，遊戲其間。

從地面眺望，崑崙山仙界狀如九層雲氣所重疊成的宮殿。從這些描寫中可見，仙界的宮殿雖未顯出其飛檐的形狀，但是它顯然與雲霧有著密切關係。倘若要仿造玄圃（崑崙山中仙人居所）宮殿的話，就必須考慮如何與雲霧和諧相襯。因爲太虛元君等仙界人物的居所正是處於雲端的宮殿。《雲笈七籤・卷八・第三十一章》中寫道：

太霞之中有彭彭（雲氣）之室，結白氣以造構，合九雲而立宇。紫煙重扉，神華所聚，故號曰彭彭之室，而太虛元君之所處焉。

因此，倘若想模仿天界宮殿造室的話，就必須設法協調雲，並努力體現飛翔感和輕快感。一般建築物的屋頂呈直線下斜狀，給人以沉重與堅實感，而不足以表現飛翔之勢。倘若將屋頂的前沿部分作上翹處理，則既能給人以向仙界飛翔的感覺，又與雲霧相得益彰。中國古典建築中飛檐的特點恐怕就是緣此而產生的。南方的雲霧較北方多，因而南方建築物的飛檐凹曲線也比北方的更爲明顯。這種相關性也表明飛檐與雲霧及求仙心理的密切關係。此外，清代許多建築中，屋背上常有以龍、鳳、獅子、天馬等靈獸爲仙人的陪飾，這恐怕也是同一求仙心理的反映。

中國建築的精華

或許有人會問，像孔子廟這種儒教建築以及佛教的寺廟建築也有同樣的性質嗎？我以爲就儒教建築而言，早期禮制建築時代的祠廟一般不具有凹曲線，但是一旦凹曲線形的飛檐建築形成以後，儒家的祠廟便大致也受其影響，與其他建築具有相似的凹曲線形態了。就佛教寺院建築而言，情況恐怕更是如此。這是因爲佛教最初進入中國時曾是道教的一派，道觀與佛寺起初在形態上並無明顯區別。例如《洛陽伽藍記》中關於瑤光寺的描述：

> 觀（涼風觀）東有靈芝（池）釣臺，累木為之，出於海中（碧海曲池），去地二十丈，風生戶牖，雲起梁棟，丹楹刻桷，圖寫列仙……仙掌凌虛，鐸垂雲表，作工之妙，埒（類）美永寧講殿。

從中足以見出，佛寺與道觀大致相仿而無明顯區別。總之，中國建築中獨特的飛檐具有壯麗威嚴之美，並且與塵埃和雲霧瀰漫的風土頗相協調，但是這種特點的本質卻是在於它反映和包含著中國人憧憬仙界、翹望神仙的宗教意識與民族心理。

第十一章　中國人的氣質與中國風土

風土與國民性

本書已經考察了以雲霧及塵埃爲特徵的中國自然風土對文化各領域的種種影響。但是中國風土自然特點的影響所及並不僅僅限於本書所述的這些文化方面。它還對中國人的思考方式、行爲模式和生活感覺等的形成起著作用。也就是說，它與中國國民性的形成有密切關係。正如「環境創造人」的話所指出的那樣，一個國家的風土自然環境對該國國民性有重大影響。不過這方面的問題更爲複雜，而不能單純地從風土自然環境角度說明。從自然環境分析國民性的形成也必須注意到各種不同的層面與複雜過程。在我看來，歷來關於中國國民性之形成原因的分析解釋都有片面與不實之處，因而常常不能自圓其說。這裏我想不揣冒昧地提出自己的一些推想，未必確實，但希望能對今後這方面的研究提供某種參考。

法制觀念的淡漠

中國人的性格有許多不同表現，其中最突出的方面，我以爲是缺乏守法精神。人們常常指出，中國在實行現代化政策的過程中，最大的問題也就是如何增强法制觀念。法制精神的淡漠常常使中國的政治經濟波瀾起伏。然而，這樣說並不意味著中國人缺乏制定法律與遵守法律的能力。因爲中國自古以來便有法律，並具有很强的法律制定能力。問題主要在於爲什麼缺乏遵法守律精神。這一現象也並非現代社會才產生的，它是從具有燦爛文化的古代連綿至今的中國人氣質之一。其結果是易於產生如下幾方面的傾向：

㈠法律機能不能充分發揮作用，人們更看重的是派閥、人緣、地緣、血緣等關係，而並非法律所規定的權益。

㈡社會因倚重人緣關係，導致賄賂成風、任人唯親、關照盛行，而官員們則時常以權謀私，中飽私囊。

㈢人治國家替代法制國家，社會政治難以向真正的法制國家轉換。

㈣社會以各個幫派圈子的頭目爲中心，人情面子替代種種法律制度。

㈤因缺乏守法精神而導致司法的隨意性、不透明性，由此社會政治也常會陷入密室政治、密告政治或權力鬥爭型的政治狀態中去。

缺乏守法意識的原因

許多外國論著中都曾論及上述有關中國人氣質及行爲方式等方面的特點，但是在追究這些特點之原因時，則大都是泛泛而言，認爲是由於缺乏西方式的守法精神所致。倘再進而問何以中國人會缺乏西方式的守法精神時，其解釋又返回到上述中國人氣質與行爲方式上去。這種循環論證不可能提供明確的結論。有少數學者認爲原因在於中國缺少西方基督教精神的緣故。基督教提倡人對神的崇敬，從這種崇敬中孕育起了西方人的守法精神。這種解釋並非毫無道理。但是日本在這方面與中國同樣，也很少受基督教的影響，爲什麼中日兩國在遵法意識上卻自古以來就有很大差別呢？總之，關於中國國民性缺乏遵法意識的原因，迄今仍無令人信服的解釋。

風土的影響

在我看來，中國人遵法意識缺乏的原因固然與社會、歷史、思想、文化等多方面狀況有關，但是對這些方面的探究分析無論如何周詳，也難以給出透徹的結論。歸根結底的原因不能不歸諸自然風土方面。自然環境決定一切的說法無疑是錯誤的，但至少就國民性、民族心理的形成而言，它也無疑是重要的背景。自然環境也有種種複雜構成因素，從民族心理之形成的角度分析，將原因歸諸於其中的某一點未免有些見木不見林，但是我還是認爲，最主要的原因在於中國自然空間的特異性，亦即空中由塵埃緣起的朦朧性和因雲霧而生的隱蔽性。

這樣說是因爲，法律具有抽象與客觀性質，它之所以能夠在崇尚開明的社會中被遵行不違，歸根結底與社會所處自然環境的澄明透徹有關。正是在這樣的自然環境中，法律制度才易於被人接受，它的機能才會得以充分發揮。雖然不能說大氣的澄明度與守法精神的强弱之間有正比關係，但是至少可以認爲，混沌自然環境中的守法精神不如澄明自然環境中的守法精神强。現代世界中發達國家所奉行的法制體系，其基礎是羅馬法、日爾曼法等，而這些法都產生於歐洲澄明的風土環境中。日本自古以來更有遵規守法的傳統，原因固然與國土狹小、民族單一等因素有關，但是它具有比中國澄明的風土環境，恐怕也是不可忽視的原因。

而在中國這樣一個因雲霧遮障而一切朦朧不清的國度中，以抽象的法律原則爲前提、重視客觀的思想方式難以暢行，而諸如暗中關照、密室政治等隱蔽中操作決策的習慣，以及重人緣關係的主觀思考方式等，卻有著得天獨厚的生存延續條件。此外，在這種朦朧空間占大部分地區的國度中，一切都易於陷入無序狀態，萬事也易被含糊處理；共益心、崇尚公平等西歐的思想法則因此也很難真正實行。增田福太郎在《中國的民俗信仰與法思想》（三和書房，一九六六年）中指出：

> 敏感於事物的具體多樣性，便會輕視法則，這種思考傾向與依據抽象原理而建構起的立法是不相容的。為了制定成文法，就必須從具體個別的事物中抽象出一般的原則，並形成一個以原理為基礎的統一推論體系，而這樣的操作非中國人所擅長。

這意味著中國人具有重視具象、感覺和事實的思維傾向，而這種傾向不易孕育以抽象性、原理性爲基礎的遵法意識。然而增田福太郎卻並沒有説明中國人何以有此傾向。我以爲原因還是在於自然空間的朦朧性與抽象客觀的思維方式不相吻合，由此而養成重視眼前可見對象的習慣，或者説助長了這種傾向。因此，中國人缺乏遵法意識的原因，歸根結底，還得歸諸中國自然空間混沌與朦朧的特點。

處事接物的馬虎隨便

中國人的許多行爲方式特點，從風土角度看也很容易理解。例如日常生活中常用的話語有「馬馬虎虎」、「不要緊」、「差不多」、「沒關係」等等，這些話語都反映出某種隨便馬虎的性格氣質。雖然許多論述中國國民性特點的書對此都有論及，但是其原因究竟何在呢？

我以爲原因仍不能不從與中國風土特點的相關方面去尋找。大氣層的澄明與否會影響到其中居住者的心理，使他們具有或明快或曖昧的氣質，這是風土論的常識。空氣澄明的自然環境中，一切物象都鮮明可辨，人們在認識與實踐中也會有追求精確細密的傾向；相反，在朦朧的空間中，萬物的輪廓都模糊不清，人們在處事態度上也就自然會有大體即可、不求精細的傾向。在中國的自然環境中，空間朦朧不清，時有雲霧遮障，人們在處世態度上形成「馬馬虎虎」、「沒關係」、「不要緊」、「差不多」的隨意習慣也就並不令人奇怪。

與這種習慣相關的是，在「完全」的概念上，中國與西方或日本也有某種差別。內山完造在《中國人的生活風景》（東方選書，一九七九年）一書中曾說：日本人面對不是完全沒有的情況，絕不會說沒有；即便只有一點，也會以之爲有。但是中國人則不同，面對很多會說有，而面對只有一點兒的時候，卻會說沒有，並認爲這一點兒只是例外現象而可忽略不計。這種差別恐怕也是因中國與西方或日本風土特點不同所導致的吧。

在「潔淨」的觀念上也有這種差別。在日本人的眼光中，含有幾分濁的清與完全的清不

華嚴的「泰岱雲海圖」所繪的泰山（藏於波士頓美術館）

同；白色也有純白與非純白之別。在中國人眼中被認爲是完全清純的對象，以日本人的標準看，則多少總有某種程度的不純感、朦朧感。這些差別的原因也都與上所述相同。

喜好誇大表現

中國人的另一特點是好作誇大表現，在談到某事物或對象時，常常不惜超越實態，對之作誇張性比喻。例如漢語中有這樣一些詞語：「血流漂杵」、「白髮三千丈」、「怒髮衝冠」、「一髮引千鈞」、「燕山雪花大如席」、「膽大包天」、「氣吞山河」等等。這種誇張表現雖然與漢語語言本身的特點不無關係，但是在相當程度上的原因恐怕也與自然空間的荒漠性有關。在這樣的空間中，如果不以某種誇張手法表現的話，要使別人注意到自己，並使自己的想法和情志傳達給別人，恐怕是很困難的。

類似的傾向也表現在中國女性對服裝顏色的選擇上。她們通常喜歡顏色鮮麗華俏的服飾。在賞花方面也同樣。日本人喜歡櫻花一般淡紅色的花，而中國人則更喜愛桃花、海棠、牡丹等顏色近乎火樣燃燒的花。這種審美傾向恐怕也都與空間的特異性有關。此外還可舉出不少與風土環境相關的中國國民之特性，不過這裏就不再一一敘列了。

後　記

最後我想簡略談一下自己探究本書所論問題的起因。一九八八年夏天，我作爲日本文部省出國研究員先後赴西歐與美國作了幾個月的考察，接著又來到了中國。其時中國大氣的朦朧與雲霧茫茫景象給我留下了深刻印象。以前我在中國旅行時也有類似的感覺，但是那次卻是在空氣澄明的西歐考察後直接進入中國的，因而感受特別强烈。至於將雲霧與中國文化聯繫起來思考，則起始於那年秋天我與全家一起在泰山旅行時。當時我的小孩不巧生病，我們在泰山脚下的賓館滯住了五、六天。因無法去其他地方，於是在泰山一帶各風景名勝處參觀蹓躂，接著便只能站在賓館居室的窗前，仰眺雲霧繚繞的泰山，以此打發時光。泰山上變幻自在、游移不止的雲霧使我感到某種慰藉。凝神眺望中彷彿泰山神靈的啟示從天而降，我突然意識到從雲霧中可以找到理解中國文化之謎的鑰匙。我並非神秘主義者，平時即使面對神聖的靈山，也絲毫不會產生宗教感。但是那時卻不可思議地似乎感到了神的啟示。平心而論，雲霧確實是中國文化生存的大背景，但是爲什麽我們卻一直對此顯而易見的事實未予注意呢？我對這個問題自此開始關心起來。數月後回國，我便具體著手進行探討，隨著研究的展開，我當時的感覺也日益深切。

但是，探討文化生成的原因畢竟是個大課題，系統地展開對這一課題的論述並非容易，也不是我當時的初衷。我當初只是想寫一些短小散文之類的東西而已。不幸的是自己生來就有的執拗禀性，一旦著手，便漸漸陷入益深而不能自拔了。就我自己而言，本書中的所論都不是憑空而發。以往在考察中國文化問題時，常常對有些特異現象感到困惑難解，而從本書的角度去重新思考時，則有頓開茅塞之感。但是由於考察所涉及的範圍頗廣，恐怕許多方面的解釋都不免有自以爲是之嫌。不過無論如何，本書所論已盡了我現有的能力。讀者諸賢倘能無忌憚地對本書所論提出批評，我將感到十分幸運。

本書得以寫成和出版，得到了許多專家朋友的幫助。其中使我獲益匪淺的是得自氣象學、佛教、建築學等領域專家們的賜教。不少平時常往來的朋友們也爲我提供了許多建設性意見與有價值的資料。本應在此一一錄名致謝，但因人數頗衆，只能失敬而割愛。不過我將終身銘記這些不憚煩勞、熱心而懇切的賜教與幫助。

譯後記

拙譯初稿完成迄今已踰半年多時間，當得知譯稿已經付梓時，正值我因工作之需而再入日本任教之際，由此感到雙重的喜悅。

原著者合山　究先生是一位對中國文化頗具虔敬之心的學者，譯者前此在日本九州學習期間，曾得到他先輩般的熱心幫助關照，回國任教後又時常得他種種不吝指教。但是最早給我留下深刻印象的是六年前他在上海作訪問學者時的初次見面。當時有幸得他贈送《明代清言集》著作，其序文中寫道，他撰寫的動機是期望以中國古典文化中那些雋永的格言，深刻的哲理，來爲處於現代城市病苦惱中的日本人提供醫治心靈的「漢方」（中藥）。該書後來被譯成漢文而在中國大陸出版，這表明其客觀效應已超出了作者的期望。合山　究先生這本新著的內容，顯然較其以前所著更爲深廣；雖然視角有所不同，但是我以爲它的漢譯出版，對中國讀者的裨益恐怕將不會亞於原著在日本出版的效應。

合山　究先生當初在得知筆者試圖翻譯此書時，高興之餘，來信中也曾流露出此書漢譯出版是否會引起某種誤解的擔心。我深感他對中國文化有著特殊的虔敬，但是這種顧慮我還是能夠理解。因爲至少，在關注與吸取外來文化等方面，中日兩國的傳統與心理確實不無差別。這裡有必要略談一下日本人對於別國人心目中日本文化像的特殊關注與興趣。

譯者幾年前在日本期間，曾無意中瀏覽到不少由非日本人寫的、譯成日文的日本文化論著。僅筆者極有限的所見，這類著作的原作者除中國外，就有美國、前蘇聯、澳大利亞、英國、韓國人等。他們的研究立場與日本人自身各不相同，不少書中也不乏一些通常看來，日本人當會很感刺眼逆耳的內容。但是這一切卻並不妨害它們在日本社會受歡迎而流行暢銷。例如有一本由韓國著名學者李御寧所寫的《內縮志向的日本人》，從其書名便足以看出它的內容絕非褒美性的。筆者讀後的感覺是，該書一方面非常深入細緻地描述了日本文化的許多獨特性，另一方面也處處映現出作者作爲韓國人的特殊立場、觀點，乃至某種情感傾向。該書一九八二年一月在日本初版，而當我一九九〇年底購得此書時，已是第廿九版，平均每年再版三次，並且是連續九年。有意思的是，據書中後記，它的研究和成書還是因得到日本國際交流基金會的資助而完成。由此可見，日本人對異國人所見自身形像之看法的興趣是如何深廣。我以爲這種特殊興趣無疑與日本人强烈的國際交往意識有關。在今天這個已有「地球村」之喻的世界中，這種國際交往意識無疑也是包括中國人在內的各國人都需要，並且正在不斷提高與增强的。譯者相信在這一過程中，引起合山 究先生那種顧慮的原因會日益消散。

最後，拙譯的完成，除了得到原著者的鼎力外，日本西南學院大學的中國民俗學專家王孝廉教授也曾賜教斧正。它最終能夠在臺灣三民書局付梓出版，也全賴兩位先生的聯絡往返，以及編輯部諸位先生百般費心。在此一並謹表衷心感謝。

一九九四年十一月二十三日

於日本豐橋市寓所

三民叢刊書目

・文化與社會散論

㉔臺灣文學風貌　李瑞騰著
㉕干儛集　黃翰荻著
㉖作家與作品　謝冰瑩著
㉗冰瑩書信　謝冰瑩著
㉘冰瑩遊記　謝冰瑩著
㉙冰瑩憶往　謝冰瑩著
㉚冰瑩懷舊　謝冰瑩著
㉛與世界文壇對話　鄭樹森著
㉜捉狂下的興嘆　南方朔著
㉝猶記風吹水上鱗　余英時著
・錢穆與現代中國學術
㉞形象與言語　李明明著
・西方現代藝術評論文集
㉟紅學論集　潘重規著
㊱憂鬱與狂熱　孫瑋芒著
㊲黃昏過客　沙究著
㊳帶詩蹺課去　徐望雲著
㊴走出銅像國　龔鵬程著
㊵伴我半世紀的那把琴　鄧昌國著
㊶深層思考與思考深層　劉必榮著
・轉型期國際政治的觀察
㊷瞬間　周志文著
㊸兩岸迷宮遊戲　楊渡著
㊹德國問題與歐洲秩序　彭滂沱著
㊺文學關懷　李瑞騰著
㊻未能忘情　劉紹銘著
㊼發展路上艱難多　孫震著
㊽胡適叢論　周質平著
㊾水與水神　王孝廉著
・中國的民俗與人文
㊿由英雄的人到人的泯滅　金恆杰著
・法國當代文學論集
51重商主義的窘境　賴建誠著
52中國文化與現代變遷　余英時著
53橡溪雜拾　思果著

㊴統一後的德國　郭恆鈺主編
㊵愛盧談文學　黃永武著
㊶南十字星座　呂大明著
㊷重疊的足跡　韓　秀著
㊸書鄉長短調　黃碧端著
㊹愛情・仇恨・政治　朱立民著
・漢姆雷特專論及其他
⑥⓪蝴蝶球傳奇　顏匯增著
・真實與虛構
⑥①文化啟示錄　南方朔著
⑥②日本這個國家　章　陸著
⑥③在沈寂與鼎沸之間　黃碧端著
⑥④民主與兩岸動向　余英時著
⑥⑤靈魂的按摩　劉紹銘著
⑥⑥迎向衆聲　向　陽著
・八〇年代臺灣文化情境觀察
⑥⑦蛻變中的臺灣經濟　于宗先著
⑥⑧從現代到當代　鄭樹森著

⑥⑨嚴肅的遊戲　楊錦郁著
・當代文藝訪談錄
⑦⓪甜鹹酸梅　向　明著
⑦①楓　香　黃國彬著
⑦②日本深層　齊　濤著
⑦③美麗的負荷　封德屏著
⑦④現代文明的隱者　周陽山著
⑦⑤煙火與噴泉　白　靈著
⑦⑥七十浮跡　項退結著
・生活體驗與思考
⑦⑦永恆的彩虹　小　民著
⑦⑧情繫一環　梁錫華著
⑦⑨遠山一抹　思　果著
⑧⓪尋找希望的星空　呂大明著
⑧①領養一株雲杉　黃文範著
⑧②浮世情懷　劉安諾著
⑧③天涯長青　趙淑俠著
⑧④文學札記　黃國彬著

㊽訪草（第一卷）

陳冠學　著

本書是作者於田園生活中所見所感之作，內有田園畫，有家居圖，有專寫田園聲光、哲理的卷軸。喜愛大自然田園清新景象的讀者，將可從中獲得一份未曾預期的驚喜與滿足；另有一小部分有關人性與人生哲理的文字，則會句句印入您的心底。

㊾藍色的斷想

•孤獨者隨想錄

ＡＢＣ全卷

陳冠學　著

本書是作者暫離大自然和田園，帶著深沈的憂鬱面對人世之作。一路上你將有許多領略與感觸，時或有天光爆破的驚喜；但多數時候，你的心頭將披著一襲輕愁，其或覆著一領悲情。這是悲觀哲學，卻是被熱情、關心與希望融化了的悲觀哲學。

㊿追不回的永恆

彭歌　著

本書是《聯合報》副刊上「三三草」專欄的結集。作者以其犀利的筆錄，對種種社會現象痛下針砭，冀望這些警世的短文，能如暮鼓晨鐘般，在這變亂紛乘的時代，起著振聾發聵的作用。

㊿紫水晶戒指

小民　著

俗世間的珍寶，有謂璀燦的鑽石碧玉，有謂顯榮的列鼎封侯。其實生活就是人生最美的寶物，不假外求。非常喜愛紫色的小民女士，以她一貫親切、自然的文筆，輯選出這本小品，好比美麗的紫色禮物，要獻給愛好文學也愛好生活的您。

⑧⑨心路的嬉逐

劉延湘 著

本書筆調清新幽默，論理深刻而又能落實於生活踐履。走一趟作者精心安排的「心路」之旅，您將莞爾一笑，心情頓時開朗。而您也將發現，原以爲只是一條山間小路，結果卻是風景優美，鳥語花香的舒坦大道。

⑨⓪情書外一章

韓秀 著

情與愛是人類謳歌不盡的永恆主題，它爲空虛貧乏的現代生活加添了無數的色彩。本書記錄下了作者在日常生活中感受到的親情、愛情、友情及故園情，在書中點滴的情感交流裡，在這些溫馨的文字中，我們是否也能試著尋回一些早已失去的東西。

⑨①情到深處

簡宛 著

本書是作者旅美二十五年後的第二十五本結集。身爲一個教育家，作者以其溫婉親切的筆調，寫出篇篇充滿溫情的佳構，不惟感動人心，亦復激勵人性。將愛、生活與學習確實的體驗，真正感受到人生的有情，生命也因此生意盎然。

⑨②父女對話

陳冠學 著

一位老父與五歲幼女徜徉在山林之間，山林蓊鬱，山泉甘洌，這裡自有一份孤獨的甘美。本書是記述作者父女在人世僻靜的一個角落，過著遺世獨立生活的文字畫。舉世滔滔，這應是一面明鏡，堪供讀者對照。

⑨③陳沖前傳

嚴歌苓　著

在好萊塢市場，多少人一夜成名直步青雲，又有多少人一朝雲中跌落從此絕跡銀海。身爲一個中國人，陳沖是經過多少的奮鬥與波折，身爲一個聰慧多感的女子，她又是經過多少的心路激盪，才能處於這洶湧波滔中。本書將爲您娓娓道出陳沖的故事。

⑨④面壁笑人類

祖慰　著

本書是有「怪味小說派」之稱的大陸作家祖慰，在巴黎面壁五年悟得的佳構。他的散文神遊八荒，情貫萬里，將理性的思惟和非理性的激情雜揉一起。讀其作品既能吸收大量的科普知識，又可汲取其飄逸文風的美感享受。

⑨⑤不老的詩心

夏鐵肩　著

夏先生一生從事文化工作，大半心力都用在鼓勵培植有潛能的青年人，助他們走上文學貢獻之路。而他本身亦創作出不少的長短佳文。本書收錄計有：詩詞小品、散文、方塊評論等。作者一顆不老的詩心，洋溢在篇篇佳構中。

⑨⑥雲霧之國

合山究　著

使中國風土之特殊性獨具一格的，與其說是天地的廣大，不如說是因塵埃、雲煙等而爲之朦朦朧朧的自然空間吧！精氣、神仙、老莊、龍、山水畫、奇書等，其產生是有如何玄妙的根源啊！就以「雲霧」爲起點，讓我們一起走進這美麗幻夢般的世界。

⑨⑦ 北京城不是一天造成的

喜樂　著

打從距今七百五十多年前開始，北京城走進歷史的繁華紛亂。現在，且輕輕走進史册中尋常百姓的那頁，一盞清茶、幾盤小點，看純中國的插畫，尋純中國的足跡。由博學多聞的喜樂先生做嚮導，就讓你我在古意盎然中，細聆歲月的故事。

⑨⑧ 兩城憶往

楊孔鑫　著

霧裡的倫敦、浪漫的巴黎，除此之外，這兩城你可還留有其他印象。本書是作者派駐歐洲新聞工作二十多年的記錄。透過作者敏銳的筆觸，且讓讀書徜徉在花都、霧城的政經社會、文化藝術、風土人情以及歷史背景中。

⑨⑨ 吹不散的人影

高大鵬　著

時代替換的快速，不知替換了多少人生舞臺上出現刹那的面孔；而人類，偏又是最健忘的族羣。本書中所收錄的文章，均是作者用客觀的筆，為曾替人類社會或文化默默辛勤耕耘的「園丁」們，做最真實的文字記錄。

⑩⓪ 文化脈動

張錯　著

「我是一個文化悲觀者，因為我個人一直堅持某種希臘式的古典禮範，而這種文學或文化古典禮範，已日漸有如夫子當年春秋戰國的禮崩樂壞。」作者就是以這顆悲憫的心，用詩人敏銳的筆觸，深刻而熱切的批判著臺灣的文化怪象。

⑩ 桑樹下

繆天華 著

本書是作者在斗室外桑樹蔭的綠窗下寫就的小品散文。作者試圖在記憶的深處，尋回那些感人甚深的、發人深省的，或者趣味濃郁的人文逸事，不惟激勵讀者高遠的志趣，亦能遠離消沈、絕望的深淵。

⑩ 牛頓來訪

石家興 著

本書爲作者三十多年來從事科學工作的心情寫照，包括思想、報導、論述、親情、遊記等等。文中處處流露出作者對科學的執著與熱愛，及超越科學之外的人文情懷，篇篇清新雋永，理中含情，情中有理，爲科學與文學的結合，作了一番完美的見證。

⑩ 深情回眸

鮑曉暉 著

作者生長在一個顛沛流離的時代，雖然歷經千辛萬苦，但行文於字裡行間，卻不見怨天尤人；有的只是對以往和艱苦環境奮鬥的懷念及對現今生活的珍惜，以及世間人事物的觀照及關懷。做爲一本懷舊之作，或是清新的生活小品，本書皆爲上乘之作。

⑩ 新詩補給站

渡也 著

你寫過新詩嗎？你知道如何寫一首具有詩味的新詩？本書是由甫獲得「創世紀四十周年創作獎」的詩人兼詩評論家渡也先生，深入而精闢的剖析一首新詩的形成過程，指導初學者從如何造簡單句到如何寫出一首詩，是一本值得新詩愛好者注意的書。

⑩⑤ 鳳凰遊

李元洛 著

一生從事古典與現代詩論研究的大陸學者李元洛先生，如何在放下嚴肅的評論之筆，轉而用詩人細膩的筆觸，摹寫山水大地的記行，以及人生轉蓬的寄悵，書中句句是箴語、處處有真情，值得您細品。

⑩⑥ 文學人語

高大鵬 著

忙碌的社會分散了人們的注意力、淡化了人們對身旁人事物的感情，任由冷漠充填在你我四周……而本書的作者以感性的筆觸，表達了自己對身旁人事物的真心關懷，以平實的文字與讀者分享所遇所感，無疑是給每個冷漠的心靈甘霖般的滋潤。

⑩⑦ 養狗政治學

鄭赤琰 著

身處地理、政治環境特殊的香港，作者藉由動物的百態來反諷社會上種種光怪陸離的政治現象，在其輕鬆幽默的筆調背後，同時亦蘊含了嚴肅的意義。這一則則的政治寓言，讀之不僅令人莞爾一笑，更具有發人深省的作用，批判中帶有著深切的期盼。

⑩⑧ 煙　塵

姜　穆 著

作者是一位出生於貴州的苗族人，卻意外的捲入戰爭。在臺娶妻生子後，所抒發對戰亂、種族及親人的真誠關懷。內容深沈、筆觸清新，充分顯露在生活的烈焰煎熬下，早已視一切如浮雲，淡泊名利，將其一生的激越昂揚盡付千里煙塵中。

⑩⑨ 河 宴

鍾怡雯 著

人間繁華的請柬處處，不如赴一場難得的野宴。聽一回水的演奏、看一場山的表演，再來細細品味鍾怡雯爲您端出來的山野豐盛清淡的饗宴——極盡可口的綠、十分道地的藍，以及不加調味料的白。

⑪⓪ 滬上春秋

章念馳 著

章太炎，這位中國近代史上的思想家、政治家，曾因領導戊戌變法失敗而流亡海外。他雖是浙江餘姚人，卻有大半輩子的歲月是在上海度過。本書是由章太炎的嫡孫章念馳先生，從家族的口述和史料中，完整的敍述章太炎的這段滬上春秋。

⑪① 愛廬談心事

黃永武 著

每個人心中都有一枝彩筆，然而在趕道路、忙上班的歲月裡，枕頭上的日升月降中，像拋來擲去的跳丸，彩筆就這樣褪去了顏色……本書作者在辭去沈重的教職和繁雜的行政工作後，重拾心中的彩筆，爲您宣說一篇篇的文學心事。

⑪② 詩情與俠骨

莊因 著

一顆明慧的善心真摯的情感，經過俠骨詩情的鑄煉，將生活上的人情世事，轉化爲最優美動人的文句，呈現出自然明朗灑脫的風格。文學對於作者而言，不僅是興趣，更是他的生命。但他不泥古而創新，在其文章中俯首可拾古典與現代的完美融合。

⑪③ 草鞋權貴

嚴歌苓 著

曾經叱吒風雲的老將軍，是程家大院的最高權威，九個承繼他刁鑽聰明的兒女，則個個心懷鬼胎……一個來自鄉下的伶俐女孩，被命運的安排，走入這權貴世家。威權的代溝、情份的激盪、所有內心的驕傲與傷痛，這會是怎樣的衝突，怎樣的一生？

⑪④ 是我們改變了世界

張放 著

從事文學藝術的工作者是「人類靈魂的工程師」。如果作家不能提高廣大讀者的精神生活品質，而僅爲娛樂人心、滿足人們的好奇和刺激。那麼與馬戲團的小丑或兜售春藥的小販何異？故而作者不禁要問：是我們改變了世界，還是世界改變了我和你？

⑪⑤ 夢裡有隻小小船

夏小舟 著

日本人參加婚禮愛穿黑色、日本料理味輕單調、日本人性格分ＡＢＣＤ，還有情書居然可以賣……於日本教書的大陸作家夏小舟，在本書除了告訴你作者旅日的見聞趣事外，也且隨她乘坐那夢裡的小小船，航行向那魂縈夢遷的故國灣港中。

國立中央圖書館出版品預行編目資料

雲霧之國／合山 究著;陸曉光譯. --
初版. --臺北市：三民，民84
面；　公分. --（三民叢刊;96）
ISBN 957-14-2156-1（平裝）

1. 中國-文化

630　　83012378

著作人 合山 究
譯 者 陸曉光
發行人 劉振强
著作財產權人 三民書局股份有限公司
臺北市復興北路三八六號
發行所 三民書局股份有限公司
地 址／臺北市復興北路三八六號
郵 撥／〇〇〇九九九八一五號
印刷所 三民書局股份有限公司
門市部 復北店／臺北市復興北路三八六號
重南店／臺北市重慶南路一段六十一號
初 版 中華民國八十四年一月
編 號 S 54093
基本定價 叁元伍角陸分
行政院新聞局登記證局版臺業字第〇二〇〇號

ISBN 957-14-2156-1（平裝）